DANIELA STICH

Oktopus Ahoi!

Wie ich zur Retterin der Meerestiere wurde

Weitere Titel der Autorin:

Seepferdchen Ahoi!
Wie ich zur Schützerin des Meeres wurde

Mit Illustrationen von
Laura Rosendorfer

Noch mehr tolle Bücher, viele Videos und Ideen zum Basteln, Rätseln, Backen, Zeichnen und Spielen gibt's hier: baumhausbande.com.

Die Bastei Lübbe AG verfolgt eine nachhaltige Buchproduktion. Wir verwenden Papiere aus nachhaltiger Forstwirtschaft und verzichten darauf, Bücher einzeln in Folie zu verpacken. Wir stellen unsere Bücher in Deutschland und Europa (EU) her und arbeiten mit den Druckereien kontinuierlich an einer positiven Ökobilanz.

Originalausgabe

Dieses Werk wurde vermittelt durch die
Agentur Brauer (Agentin: Ulrike Schuldes).

Textredaktion: Kerstin Ostendorf
Umschlaggestaltung: Elke Günzel
Umschlagmotiv: Laura Rosendorfer
Satz: two-up, Düsseldorf
Gesetzt aus der Dolly Pro
Druck und Verarbeitung: GGP Media GmbH, Pößneck

Printed in Germany
ISBN 978-3-8339-0884-2

1 3 5 4 2

Für meine Eltern, Alfreda und Arnim Weiss,
die mich im Meereskundemuseum Stralsund mit meinem
ersten lebenden Oktopus bekannt gemacht haben.

S*A*M*S*T*A*G, DEN 27. JULI

9:27 Uhr

Hallo Leute! SCHLIMMER hätten meine Ferien wirklich nicht beginnen können. Das liegt auch daran, dass ich mir im Zeugnis eine Drei in Musik eingefangen habe. Ausgerechnet in Musik. Bisher fanden es alle in unserer Klasse stinklangweilig (Wer braucht das Fach schon?), aber seit Jonidas aus der 8b (Künstlername **Cooljonidas**) der neue Sänger unserer Schulband ist, finden plötzlich alle Musik superlässig, weil **er** nach Noten singen kann. Pffff ... Meinetwegen kann er nach Zahlen singen. Deshalb finde ich Mathe trotzdem nicht toll, oder wie seht ihr das?

Am meisten stinkt mir, dass meine Eltern über die Drei enttäuscht sind. Und (!!!) sie geben sich **überhaupt** keine Mühe, das zu verbergen. Mama hat sich gleich Sorgen gemacht. »Ob sie was am Gehör hat?«, flüsterte sie Paps zu. (Sie dachte wohl, ich höre es nicht.) Aber er antwortete nur: »Nicht mehr als andere Kinder auch.«

Als sie dann gelacht haben, bin ich reingeplatzt und habe klargestellt: »Ich mag Musik. Ich steh einfach nur nicht auf Notenlesen und Instrumentespielen.« Warum können sie nicht danach gehen, wie gern man Musik hört? Dann hätte ich nämlich eine Eins. Ihr könnt euch nicht vorstellen, wie **mies** ich mich gerade fühle. Und als wäre das nicht schon schlimm genug, setzen **meine Eltern** noch eins drauf. **Ohne** es mit mir abzusprechen, haben sie mich in einem Abenteuer-Camp angemeldet. Dort soll ich meine wertvollen Sommerferien verplempern. Sollte eine Überraschung werden. Himmel, nein, bitte bloß keine Überraschungen mehr! Dabei kommt nix Gutes raus. Darum habe ich **höflich** abgelehnt: »Ich denke gar nicht dran! Schließlich sind das **meine** Ferien.« Außerdem habe ich meiner Oma versprochen, dass ich sie besuche (**letztes** Jahr schon!). Dieses Versprechen halte ich ein, komme, was da wolle. Und da ist noch etwas: Ich muss an der **kanalaK** (**k**alte, **na**sse, **la**ngweilige **K**üste) dringend nach dem Rechten sehen. Denn in letzter Zeit melden sich meine Freunde Bolle, Bas und Cheesy kaum noch. Auch Oma ist am Telefon total kurz angebunden. Irgendwas ist da im Busch – hundertpro. Ich muss herausfinden, was los ist. Unbedingt! Wartet mal schnell. Paps kommt gerade in mein Zimmer.

9:35 Uhr

Er ist wieder weg. Paps hat mir einen Prospekt vom Abenteuer-Camp aufs Bett gelegt. **Pffff** … Ich lass mich doch nicht von ein paar bunten Wald- und Wiesenfotos einlullen.

»Und wo ist das Meeeeer?«, rufe ich rüber in die Küche, wo meine Eltern noch frühstücken.

Paps ruft mit vollem Mund (Waffel mit Apfelmus): »In den letzten Sommerferien hast du dich mit Händen und Füßen dagegen gewehrt, ans Meer zu fahren. Weißt du noch?«

Haaach … dass Eltern einem immer den Schnee von gestern unter die Nase reiben müssen.

»**Nö**, weiß ich nicht mehr!«

»Wir aber schon!«, ruft Mama. »Darum haben wir dieses Jahr etwas Aufregenderes ausgesucht.«

Meine Eltern haben sich Gedanken gemacht. Nicht schlecht, aber leider am Ziel vorbei. Darum frage ich:

»Aber ihr wisst schon, dass ich ein **Recht** darauf habe, **meine** Oma zu sehen?«

Keine Antwort. Ich warte ... warte ... und warte. Nanu, warum sagen sie denn gar nichts mehr? Habe ich schon **gewonnen**? Ich gehe mal rüber.

10:11 Uhr

Von wegen! Paps hat mir lang und breit erklärt, dass er nicht mit mir diskutieren will, weil:

1. das Abenteuer-Camp bereits **gebucht** ist,
2. es **nicht** mehr rückgängig zu machen ist und sich
3. angeblich viele Kinder darüber freuen würden, wenn sie dort hinfahren dürften.

Das kann ja alles sein, aber was hat das denn mit **mir** und meiner Oma zu tun? Und wenn Paps nicht diskutieren will, will ich es erst recht nicht. Darum rufe ich jetzt diejenigen an, die mir **weiterhelfen** können. Zum Glück steht die Telefonnummer vom Abenteuer-Camp **dick und fett** auf dem Prospekt. Ich werde denen **ganz klar** sagen, dass alles ein Riesenmissverständnis war und ich schon was anderes vorhabe. Wofür sind denn sonst solche Nummern da**?** Ich stecke wirklich in der Klemme. Not kennt kein Verbot.

Sonntag, den 28. Juli

7:23 Uhr

Boah, Leute, ich kann euch sagen: Ich habe den Krach meines Lebens hinter mir. Meine Eltern sind gestern total **ausgeflippt**, als ich erzählt habe, dass sie mir jetzt problemlos einen Fensterplatz im Zug zur kanalaK reservieren können, weil es **doch** ging, das Abenteuer-Camp abzusagen. Paps war **supersauer**. Die ganze Zeit sauste sein Zeigefinger hoch und runter und wäre bestimmt abgefallen, wenn Mama ihn nicht gebeten hätte, einfach die Zugverbindung nach Wellenstadt klarzumachen. Na, wer sagt's denn! Es waren sogar noch Sitzplätze für den Zug heute frei. Jippi-jäh! Manchmal klappt alles wie geschmiert. Eilig habe ich gestern Abend meine Siebensachen zusammengepackt, sodass es in meinem Koffer aussah, als hätte ein Wirbelwind gewütet. Aber wen interessiert das schon, wenn der Deckel zu ist.

Und jetzt sitze ich auf der Bank

am Bahnsteig und warte, bis der Zug einfährt. Mama sucht den Schaffner, Paps holt sich drüben einen Kaffee, und ich bin einfach nur **glücklich**, bald meine Oma wiederzusehen und bei meinen Freunden an der Küste **Schön-Wetter-Ferien** zu verbringen.

12:41 Uhr

Zugfahren ist cool, weil wir nicht so oft anhalten. Draußen rast die Landschaft an mir vorbei. Nicht schnell genug. Ich wäre gern schon da. Zumal ein Schaffner mitfährt, der mir einfach **alles verbietet**! Ich darf das Abteil nicht verlassen, nicht ohne ihn herumlaufen und schon gar keine Cola im Bordrestaurant holen. Darum vertreibe ich mir die Zeit damit, ein bisschen an die letzten Sommerferien zu denken. Mensch, ich sag's euch. Am Anfang hatte ich ja echt nicht so Lust. Aber was ich für ein Glück hatte, dass meine kanalaK-Freunde freiwillig auf der Algenfarm meiner

Oma mitgeholfen haben. Sonst hätte ich alles allein machen müssen. Zuallererst kam **Bolle** auf die Yachtwurst, der oft Schiss vor dem Meer hatte (genau wie ich), sich dann aber doch getraut hat (so wie ich). **Bas** musste ich nicht lange überreden, klar Schiff auf der Algenfarm zu machen. Und **Chandrani**, meine Lebensretterin, hatte immer im richtigen Moment Käsewürfel dabei, wenn ich mit Omas Algenessen nicht klarkam. Deshalb nennen wir sie auch Cheesy. Ehrensache, dass ich ihnen zuerst das Seepferdchen gezeigt habe, das ich in meinem Beet entdeckte. Allerdings haben wir später zwischen den Pfefferalgen noch ganz viele gefunden. Was haben wir für einen **Riesenschreck** bekommen, als ein Algendieb die Seepferdchen in Gefahr gebracht hatte – zumindest dachten wir das. In Wirklichkeit war es nur Omas Freund Käpt'n Frieso, der sich nichts weiter dabei dachte, Algen für seine Tochter Amanda abzuschneiden. Amanda haben wir zuerst nicht über den Weg getraut, denn sie wollte Omas Algenfarm übernehmen. Aber nachdem wir sie getestet hatten, wussten wir, dass sie die Richtige dafür ist. Denn meine Oma hat keine Zeit für die Farm, weil sie sich im **Meerestier-Krankenhaus** um verletzte Tiere kümmert (echt cool!). Alles in allem waren das mit Abstand die aufregendsten Ferien meines Lebens. Dieses Jahr muss das mindestens genauso werden. Besser wäre aber eine Schippe Abenteuer obendrauf. Dann ist alles geritzt.

Aber was ist, wenn nicht? Oh, no! Daran will ich gar nicht denken. Schließlich sind die großen Sommerferien genau dafür gemacht worden. Sie **müssen** gut werden. Das werden sie doch, oder?

22:37 Uhr

Hurra, endlich liege ich in meiner Koje und schaukele auf der Yachtwurst vor mich hin. (Koje: Das ist ein fest eingebautes Bett auf dem Schiff). Gähn! Gemütlicher geht's gerade nicht. Gäääähn! Falls ihr es noch nicht wisst oder vergessen habt: Meine Oma und ich wohnen auf einem Fischkutter, der **Yachtwurst** heißt und am klapprigen Holzsteg vertäut ist. Weil über mir eine Leselampe hängt, schreibe ich noch kurz, wie das Wiedersehen mit Oma war. Der Zug ist in Wellenstadt reingerauscht, und durch das Zugfenster habe ich sie auf dem Bahnsteig warten sehen. Zwar musste ich zuerst meinen Rollkoffer aus dem Zug wuchten, bin aber danach gleich zu ihr gerannt und habe sie ganz lange gedrückt.

Oma: »Schön, dass du endlich da bist.«

Ich: »Ich freu mich so, dich zu sehen, Oma, und auf all die **Abenteuer**, die du organisiert hast, damit mir nicht langweilig wird. Wo sind Bolle, Bas und Cheesy?«

Oma: »Die kommen später auf die Yachtwurst. Nach der Probe.«

Ich: »Hä?«

Oma: »Das sollen sie dir nachher selbst erzählen. Komm! Das Taxi wartet.«

Damit ging es zum klapprigen Holzsteg und von dort auf die Yachtwurst.

Kurze Zeit später waren meine Freunde auch schon da. Das Wiedersehen war großartig:

- Wir haben uns total **gefreut.**
- Alle haben **wild** durcheinandergeredet.
- Jeder wollte **alles gleichzeitig** erzählen.
- Ich wusste nicht, wo ich **zuerst** hinhören sollte.
- Aufgeschnappt habe ich, dass sie eine Yachtwurst-Band gegründet haben und jeden Tag üben.
- Amanda ist fast fertig mit Renovieren und will

- Was sie mir verheimlichen, habe ich allerdings noch nicht herausgefunden. Sie haben so getan,

als wäre alles in Butter. Und ich habe so getan, als würde ich ihnen glauben. **Tri tra trallala!** Für den Moment erst mal okay, Hauptsache, ich bin wieder bei ihnen! Den Rest kriege ich schon noch raus.

Gähn! Leute, ich bin todmüde. Lasst uns lieber morgen weitermachen. 😄 Schön, wieder hier zu sein! Sooo schön.

MONTAG, DEN 29. JULI:

11:14 Uhr

Wie versprochen sind alle zum Frühstück gekommen. Ohne lange zu fackeln, sind Bas und Bolle ins Wasser gesprungen, um frische Pfefferalgen zu ernten. Cheesy wollte Oma bei den Rühreiern helfen. Fand ich super. So konnte ich in aller Ruhe den Käse würfeln, den Cheesy mitgebracht hat. Hmmm ... Heimlich Käsewürfel zu naschen hat was. Zumal ich mich an das Algenessen erst wieder gewöhnen muss.

Cheesys Haare sind echt lang geworden. Die beiden Knotenzöpfe sind groß wie Fußbälle und sind aneinandergestoßen, während Cheesy die gehackten Algen unter die Eier rührte. Bas trocknete sich ab, und Bolle klopfte mehrmals gegen seine Pulsuhr. »Sie spinnt ein bisschen seit dem letzten Update.« Andauernd checkte er das blinkende Herz. Während des Frühstücks hat er den Arm mitten auf den Tisch gelegt und uns gebeten, ihm Bescheid zu sagen, falls sein Herz plötzlich stehen bleiben sollte. Mit den Fingern haben wir die Rühreier aus der großen schwarzen Eisenpfanne gegessen. Ich hatte vergessen, wie viel Spaß das macht. Apropos Algen, na ja, sie rutschen in meinem Hals noch nicht so leicht runter wie bei den anderen. Aber das macht nichts. Schließlich habe ich **sechs** lange Wochen Zeit dafür. Es muss ja nicht alles gleich am ersten Tag klappen, stimmt's?

14:09 Uhr

Siehste! Wusste ich's doch. Die ganze Zeit haben sie etwas vor mir verborgen. Nichts ist in Butter.

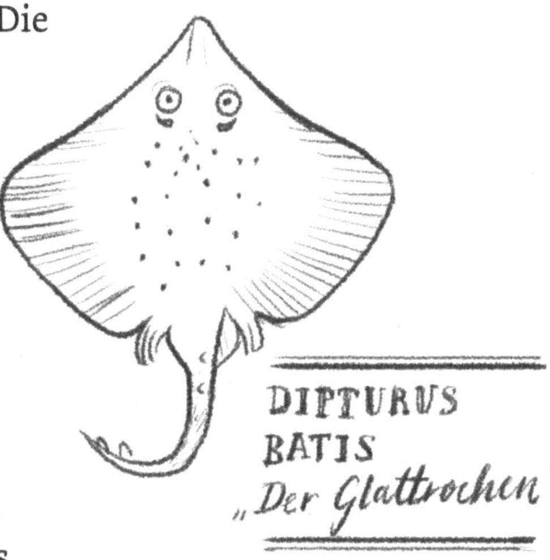

Alles fing an, als Bas Oma beim Abspülen half. Er ist ein **Rochenfan. Ununterbrochen** redete er davon, wie wichtig es ist, ein Meeresschützer zu sein. So wichtig, dass er an nichts anderes denken kann. Manchmal geht er mit Käpt'n Frieso in der sonnengelben Knutschkugel auf Patrouille. Sie bergen kranke Meerestiere und bringen sie zu Oma ins Meerestierkrankenhaus, wo sie gesund gepflegt werden.

Doch als die Sprache auf das Meerestierkrankenhaus kam, haben sie sich heimlich Blicke zugeworfen. Die dachten wohl, ich kriege das nicht mit. Alle haben so komisch herumgedruckst. Oma hat auf den Fußboden geschaut.

Ich: »Oma, was ist hier los?«

Plötzlich sprang Bolle auf und rief: »Volle Fahrt voraus, Kameraden. Höchste Zeit, dass wir mit der Band proben.« Cheesy nickte, als wäre die Probe die **wichtigste** Sache der Welt. Dann hat sie Oma umarmt und am Arm gestreichelt. Das sah aus, als würde sie sie trösten. Daraufhin habe ich mich mit verschränkten Armen mitten in die Tür gestellt und den Ausgang versperrt. »So! Ihr geht nirgends hin, bis ihr mir gesagt habt, was los ist. Hier stimmt was nicht. Und ich will wissen, was es ist, und zwar genau jetzt!«

Bas: »Das würde dir nur die Ferien verhageln. Darum lasst uns lieber Musik machen.«

Ich: »Die Musik kann mir gestohlen bleiben. Los jetzt! Rückt schon mit der Sprache raus.«

Oma atmete tief durch. »Das Meerestierkrankenhaus soll in ein paar Wochen geschlossen werden, weil das Geld für Futter ausgeht. Es kommen nicht genug Spenden.«

Ich: »Waaaas? Aber das geht nicht! Wer kümmert sich dann um die kranken Meerestiere? Wohin sollen sie, wenn es das Meerestierkrankenhaus nicht mehr gibt?«

Da senkte sie den Kopf. »Wenn ich das nur wüsste.«

Ich konnte es nicht fassen. Kein **Wunder**, dass alle in den letzten Wochen so kurz angebunden waren.

Ich: »Und was werden wir dagegen unternehmen?«
Bas: »Das erzählen wir dir unterwegs.«

21:21 Uhr

Nachmittags sind wir dann zu Amandas Garage gegangen. Dort probt die Yachtwurst-Band jeden Tag. Könnt ihr euch vorstellen, wie **wurscht** mir in diesem Augenblick die Musik war? Den anderen aber nicht. Bas spielte auf Bolles Gitarre. Bolle hat nämlich keinen Bock auf Gitarre, sondern hatte sich die afrikanische Trommel ausgeliehen, die Oma aus Sansibar mitgebracht hat und seither in einer Ecke verstaubte. Cheesy spielte ihr indisches **Kartal**. Ist so was wie 'ne Klapper. Na ja, Cheesy wird schon wissen, warum sie das gut findet.

Ich: »Lasst uns lieber überlegen, wie wir die Schließung des Meerestierkrankenhauses verhindern.«

Cheesy: »Rate mal, warum wir üben?«

Ich: »Ich habe nicht den leisesten Schimmer.«

Bolle: »Wir wollen auftreten und Geld für unsere Musik einsammeln.«

Oh, nö. Das ist zwar ein Plan, aber der mieseste, von dem ich je gehört habe.

INDISCHES KARTAL

Ich: »Fällt uns nichts Besseres ein?«

Bas: »Mach einfach mit.«

Ich: »Lass mal gut sein, das ist **echt** nichts für mich.«

Bas: »Aber du musst. Und zwar schon deshalb, weil sie Yachtwurst-Band heißt.«

Ich: »Daraus wird nichts. Ich kann nämlich kein Instrument spielen.«

Bas: »Das kannst du lernen.«

Ich: »Würde ich mir sofort überlegen, wenn ich nicht dummerweise schon etwas anderes vorhätte für die **nächsten hundert Jahre.** Nämlich das Meerestierkrankenhaus vor der Schließung zu bewahren.«

Dann bin ich rausgestürmt und sofort wieder reingegangen:

»Und das solltet ihr übrigens auch tun.«

Dienstag, den 30. Juli

7:44 Uhr

Ich brauche dringend einen Plan – einen richtig guten Plan. Einen Plan wie Donnerschlag, um das Meerestierkrankenhaus aus der schlimmen Situation herauszupauken. Aber wo kriegt man so einen **Knaller-Plan** her?

10:25 Uhr

Alleinsein soll angeblich helfen, einen genialen Einfall aus seinen Gedanken herauszuquetschen. Zumindest hat das Paps mal zu mir gesagt. Na dann los! Hier bin ich! Und zwar superallein! Offen für alle Einfälle, die nichts mit Musik zu tun haben. Egal welche, Hauptsache genial. Quetscht euch ruhig raus. Macht schon! **Hallo!** Hört ihr mich da oben? Ich warte auf euch! Das Blöde am Alleinsein ist allerdings, dass man allein ist. Darum wollen meine Gedanken viel lieber wissen, was meine Freunde gerade machen und ob bei ihnen mehr los ist. Voll nervig! Wenigstens Amanda ist in der Nähe. Vorhin haben wir zusammen Geisternetze aus dem Wasser gefischt. Das sind Netze, die von Fischerbooten abgerissen sind und

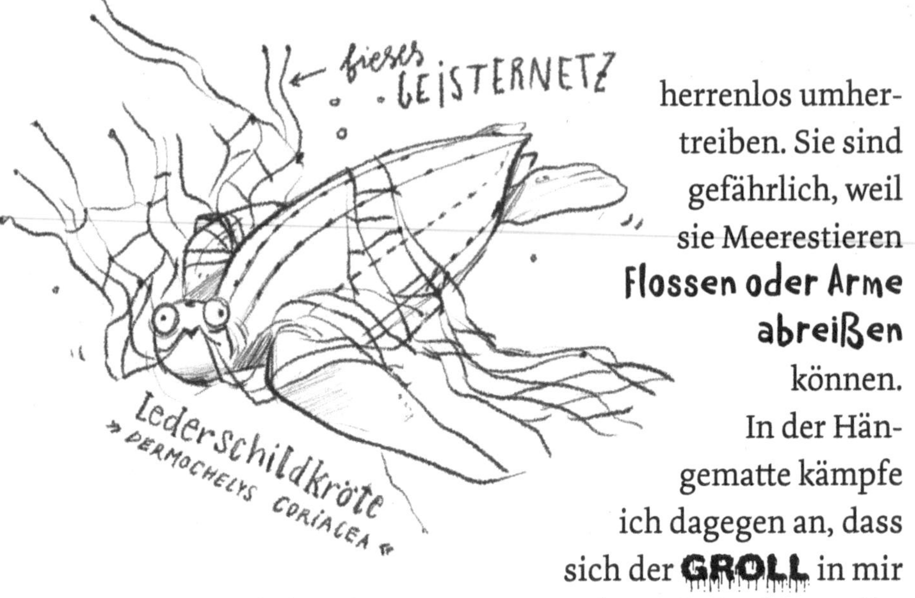

herrenlos umhertreiben. Sie sind gefährlich, weil sie Meerestieren **Flossen oder Arme abreißen** können. In der Hängematte kämpfe ich dagegen an, dass sich der **GROLL** in mir aufschaukelt. Aber es ärgert mich einfach, dass Bolle, Bas und Cheesy nicht da sind, weil sie in Amandas Garage Musik machen. Sie proben. Pffff ... Als ob das was bringen würde. Irgendwie fühle ich mich von ihnen im **Stich** gelassen. Ja, ich weiß, dass ich es war, die abgelehnt hat, in der Band mitzumachen. Aber ehrlich gesagt habe ich gehofft, sie würden lieber hier mit mir überlegen, wie wir das Problem mit dem Meerestierkrankenhaus **wirklich** lösen. Außerdem bin ich nur **einmal** im Jahr hier. Darum sollte ich ihnen wichtiger sein. Mich stört, dass sie zusammen Spaß haben, und zwar **ohne mich**. Ich stelle mir vor, wie sie **herumalbern**, wenn ein schiefer Ton herauskommt. Ich hingegen scheine ihnen überhaupt nicht zu fehlen.

13:42 Uhr

Mir fällt nichts ein, mir fällt nichts ein, mir fällt nichts ein. Ob es hilft, wenn ich mich auf den Kopf stelle? Einen Versuch ist es wert.

15:25 Uhr

Gerade als ich versucht habe, einen Kopfstand zu machen, damit mir mehr Gedanken in den Kopf schießen, kam Amanda mit zwei Gläsern selbstgemachter Eisschokolade um die Ecke. (Schokoraspeln, fast so dick wie mein kleiner Finger!) Prompt war in meinem Kopf nur noch der Gedanke an Eisschokolade.

Ich: »Soll ich dir vielleicht bei irgendwas helfen?«

Amanda: »Das wäre super. Zwei Portionen schaffe ich nicht. Ich müsste sie mir sonst hineinzwängen.«

Ich: »Das wäre schade.«

Wir haben uns gegen die Schiffswand gelehnt und erst einmal den Stiel des langen Löffels abgeleckt. Hmmm ... karamellisierte Blasentangstreusel.

Amanda: »Warum spielst du eigentlich nicht in der Yachtwurst-Band mit?«

Ich: »Weil ich nicht glaube, dass wir mit dem Auftritt genug Geld für das Meerestierkrankenhaus zusammenbekommen.«

Amanda: »Ich glaube, die anderen hätten dich gern dabei. Schließlich sehen sie dich nur in den Ferien. Und so eine Band macht doch auch Spaß. Denk noch mal drüber nach.«

Amanda konnte ja nicht wissen, dass alle meine Denkplätze bereits für die große, geniale Rettungsaktion des Meerestierkrankenhauses ausgebucht sind. Ich hab's zwar versprochen, aber ihr nicht allzu große Hoffnungen gemacht, dass ich meine Meinung ändern werde, weil mein Kopf einfach seinen eigenen Kopf hat. Das leuchtete Amanda irgendwie ein.

Nachdem wir die Eisschokolade weggeschlemmt hatten, verabschiedete sich Amanda, weil sie noch Regale im Unverpacktladen aufstellen wollte.

WOW! Was geht denn neben mir im Wasser ab? Da **blubbern** Blasen hoch wie in einem Sprudelbad. Groß, gelb, rund: Das kann nur die **Knutschkugel** sein.

Aber was ist bloß mit Käpt'n Frieso los? Er ist total

hektisch. Und was trägt er da im Arm? Von Weitem sieht es aus wie ein … Ist das etwa wirklich, was ich denke, dass es ist? Ich frage mal, ob ich ihm helfen kann.

22:48 Uhr

Ich habe richtig gesehen: ein Oktopus mit üblen Verletzungen. Von acht Armen fehlten ihm drei. Käpt'n Frieso hat ihn auf der Patrouillenfahrt aus der Nordsee geborgen. Der Käpt'n vermutet, dass er sie verloren hat, als er sich aus einem Geisternetz befreit hat. Ein Wunder, dass er überhaupt noch lebt. Zum Glück kam Oma gerade über den klapprigen Holzsteg angerannt. Käpt'n Frieso hat beide sofort ins Meerestierkrankenhaus gebracht. Kurze Zeit später sind Bolle, Bas und Cheesy auf die Yachtwurst gekommen. Ich habe ihnen brühwarm erzählt, was passiert ist. Da haben wir nicht lange gezögert und sind gleich zum Meerestierkrankenhaus gegangen. Doch wir durften den kranken Oktopus **nicht** besuchen, weil er erst einmal Ruhe brauchte. Stattdessen hat uns Oma beim Bäcker eine **Rosinenschnecke** ausgegeben, weil wir fast den ganzen Weg gerannt sind. Bas findet Rosinen eklig. Er hat gesagt, dass die wie **Popel** aussehen, die er auf keinen Fall im Mund haben will. Kein Problem. Rosinenschnecken sind zum Teilen gemacht. Sie lassen sich kinderleicht abrollen. Jeder hat gekriegt, was er am liebsten mochte. Cheesy wollte den knusprigen Rand. Bolle das Runde aus der Mitte, weil da immer am meisten Zuckerguss einsickert. Das Stück dazwischen hatte die meisten Rosinen. Hmmm … Yammi. Aber noch mehr haben wir uns gefreut, als Oma erzählt hat, dass die Arme von Oktopoden wieder nachwachsen und die Krake die Verletzungen auf jeden Fall **überleben** wird. Sobald sie sich eingewöhnt hat, dürfen wir sie besuchen. Klingt doch gut, oder? Gähn!

Ich liege schon in der Koje. Gute Nacht, ihr da draußen! Bis morgen.

Mittwoch, den 31. JULi

10:48 Uhr

Okay, Leute. Da bei mir der Super-Knaller-Plan auf sich warten lässt, habe ich mich von meinen Freunden **breitschlagen** lassen und bin jetzt in Amandas Garage. Hiiilfe, ist das öde. Wenn einer falsch spielt, müssen alle von **vorne** anfangen. Zum Glück haben wir vorhin beschlossen, dass wir die Bandproben jeden Donnerstag und Freitag ausfallen lassen, weil donnerstags Algen auf der Farm geerntet werden müssen, damit wir sie am Freitag auf dem Markt verkaufen können.

Also **ich** würde nur dann ein Instrument spielen, wenn das von **alleine** ginge. Üben ist nämlich nicht so meins. Ich bleibe bloß hier, weil wir danach ein Eis essen gehen. Bitte lass das **bald** sein, damit ich von dem leeren Algenkorb aufstehen kann. Bevor ich umkomme vor Langeweile, kritzele ich ein bisschen hier hinein.

14:11 Uhr

Endlich habe ich ein Eis. Links halte ich meine Waffel mit je einer Kugel Schoko und Kokos – hmmmm, lecker –, und rechts schreibe ich. Warum schmilzt eigentlich Schoko schneller als Kokos? Mist … Jetzt ist was ins Tagebuch gekleckert. Es läuft an der Waffel herab. Wartet mal kurz.

Da bin ich wieder! Musste das Eis schnell rundherum ablecken, und nun habe ich wieder die volle Kontrolle darüber. Bas hat zwei Waffeln übereinander genommen, weil er lieber die Waffel mag als das Eis. Das Schöne an einer Waffel ist, dass hinterher kein **Müll** zurückbleibt, der im Meer landet. Das bedeutet: Je öfter man Eis in einer Waffel isst, desto mehr tut man für die Umwelt.

22:08 Uhr

Ich bin in meiner Kajüte. Neben mir liegt etwas, das ich **nicht** haben wollte. Es ist ein Geschenk von Bas. Nachdem er heute Nachmittag mit seinem Eis fertig war, hat er nämlich etwas aus der Hosentasche gezogen. Zuerst dachte ich, dass er ein Taschentuch brauchte, weil ihm Eis über die Hände gelaufen ist. Aber es war ein silbernes Spiegelding – eine Mundharmonika. Vor Schreck habe ich mich **höflich** bedankt. Aber hinterher gedacht: Was **zur Hölle** soll ich denn damit?

Gerade eben habe ich es weit nach hinten auf die Kommode gelegt. Also von mir aus kann das Ding da einfach **liegen** bleiben.

Donnerstag, den 1. August

13:22 Uhr

Am Vormittag haben wir mit Amanda Algen geerntet, weil morgen Markt ist. Mitten im Wasser hat mir eine Welle eine klitzekleine Idee gegen den Kopf geklatscht.

Als wir wieder oben waren, habe ich gefragt: »Sag mal, Amanda, dürfen wir von dem eingenommenen Algengeld was abhaben?«

Amanda: »Wofür soll es sein?«

Ich: »Algen sind Lebensmittel aus dem Meer. Darum können wir doch von dem Geld, was sie einbringen, einem kranken Meeresbewohner eine Mahlzeit spendieren.«

Amanda: »Dagegen ist nichts einzuwenden.«

Na ja, Leute, das ist zwar noch nicht **die** Hammer-Idee, aber immerhin ein Anfang.

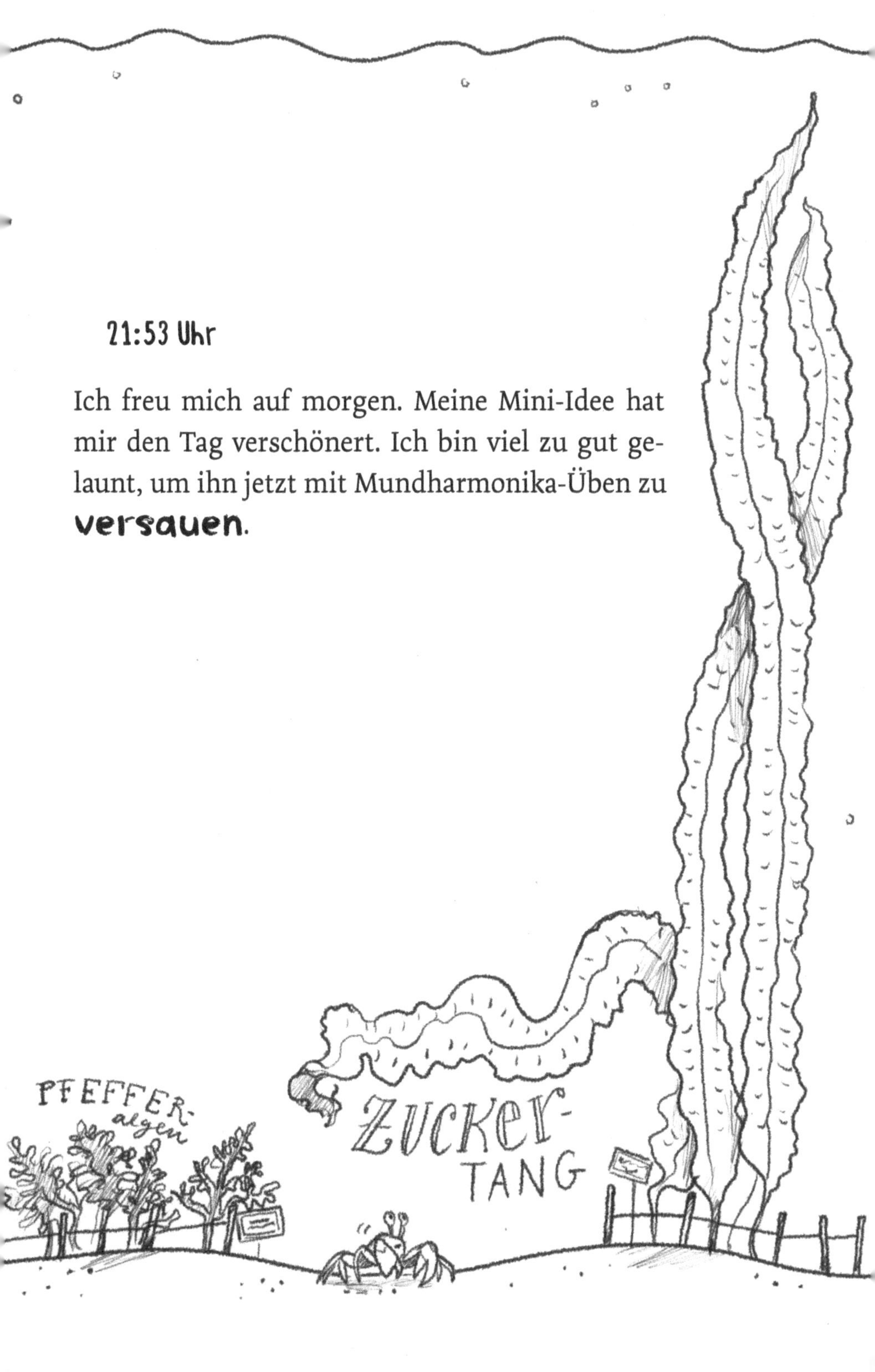

21:53 Uhr

Ich freu mich auf morgen. Meine Mini-Idee hat mir den Tag verschönert. Ich bin viel zu gut gelaunt, um ihn jetzt mit Mundharmonika-Üben zu **versauen**.

FREITAG, DEN 2. AUGUST

14:04 Uhr

Während ich mir die **Stimme** aus dem Leib geschrien habe, weil der Fischverkäufer neben uns seine Fische so laut angeboten hat, dass die Leute immer nur zu seinem Stand gegangen sind, hat sich Bolle seelenruhig die Sachen an einem Stand in unserer Nähe angeschaut: Talismane, Schutzengel aus Edelsteinen, getrocknete vierblättrige Kleeblätter, die man sich in die Schuhe legen soll, Mutmachsäfte, Hufeisen aus Schokolade und Wunschmuscheln.

19:17 Uhr

Es ist viel zu warm, um Mundharmonika zu üben.

SAMSTAG, DEN 3. AUGUST

19:09 Uhr

Leute, ich bin wirklich zu heiser von gestern, um Mundharmonika zu üben. **Wirklich!** Auch wenn Bas meint, dass ich reinpusten und nicht reinsprechen müsste. Sorry, aber ist das **mein** schlimmer Hals oder **seiner**?

SONNTAG, DEN 4. AUGUST

5:17 Uhr

Kann einer **bitte** diese Wellen abstellen? Bei dieser Schaukelei wird einem ja kotzübel. Ich bin das überhaupt nicht gewohnt. Ständig wache ich auf, weil ich Schiss habe, aus der Koje zu fallen. Andauernd schaue ich auf meine Uhr. Mir kommt es vor, als hätte ich erst vor zehn Minuten draufgeschaut. Hey, ihr rücksichtslosen Wellen! Falls ihr es nicht wisst, ich habe Ferien und könnte eigentlich ausschlafen. Also stört mich **gefälligst** nicht!

8:14 Uhr

Es regnet. Bolle, Bas, Cheesy und ich wollten schon längst im Wasser bei der Fischschule in der Seegraswiese sein. Aber Oma braucht heute ewig, bis sie mit dem Frühstück fertig ist. Wenn ihr euch jetzt fragt, ob man bei Regen schnorcheln kann. Klar. Solange die See nicht zu aufgewühlt ist, spricht nichts dagegen. Nass wird man ja sowieso.

12:11 Uhr

Mittlerweile **stürmt** es. Wir dürfen nicht mehr baden, weil die Wellen zu hoch sind. Die Yachtwurst schaukelt höllisch. Oma hat zwar das Kartenspiel raus-

geholt. Aber auch das schönste Kartenspiel kann nerven, wenn man es **zu oft** hintereinander spielt. Wie würdet ihr euch denn die Zeit vertreiben? Lasst es mich bitte schnell wissen. Ich bin für jeden Vorschlag dankbar, der nichts mit Kartenspielen zu tun hat.

18:27 Uhr

Sommerferien haben mit Sommer zu tun, und im Sommer sollte die Sonne scheinen, oder etwa nicht? Das ist doch nun wirklich nicht so schwer zu verstehen. Stattdessen mussten wir die Regenjacken anziehen, um an den Strand zu gehen. Zuerst haben wir gestrandete Ohrenquallen gerettet. Gerade als sich Bolle zu einer heruntergebückt hat, schrie Oma: »Bolle, stopp! Bei roten, gelben oder braunen Quallen zieht ihr bitte vorher die Handschuhe an, damit euch die Tentakel der Feuerquallen nicht nesseln.«

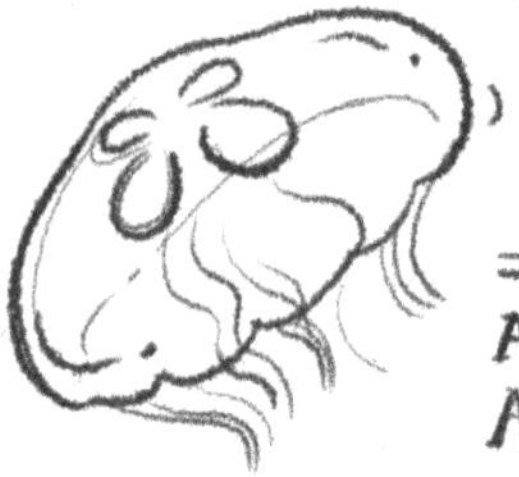

AURELIA AURITA
„Die Ohrenqualle“

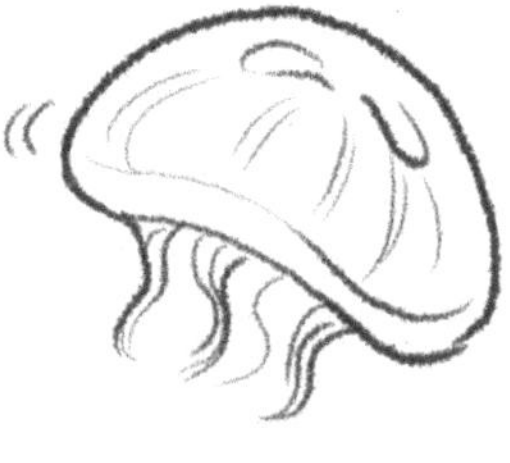

Für manche Quallen kam jede Hilfe zu spät. Aber einige haben ihren Schirm langsam wieder auf- und zugemacht und sind weggeschwommen. Ihnen dabei zuzuschauen hat sich angefühlt, als würde man einer Freundin aufs Fahrrad helfen, nachdem sie hinuntergefallen war. Die Wellen haben losgerissene Algen an den Strand getragen und zu riesigen Haufen aufgeworfen. Dazwischen lag so viel **Müll**, dass Oma den Handwagen geholt hat, damit wir ihn **einsammeln** konnten.

Bolle: »Überall liegt Plastik. Das nervt mich total. Wieso muss so viel doppelt und dreifach verpackt sein? Wird höchste Zeit, dass Amanda den Unverpacktladen eröffnet.«

Unter den Sachen, die wir eingesammelt haben, war auch ein **kleiner bunter Plastikball**, der unbeschadet war. Ich habe ihn in meine Jackentasche gesteckt. Wer weiß, wozu man den noch gebrauchen kann.

20:21 Uhr

Eingewickelt in eine Decke sitze ich mit Oma vor dem Panoramafenster. Die Müllaktion war ziemlich anstrengend. Immer wieder haben wir den Handwagen vollgeladen und zum Wertstoffhof gebracht. Jetzt bin ich echt zu k. o., um Mundharmonika zu üben.

Montag, DEN 5. AUGUST

7:19 Uhr

Regen ohne Ende! Stripp, strapp, stroll, ich weiß nicht, was ich schreiben soll!

Dienstag, den 6. August

10:57 Uhr

Und schon wieder Regen.

Das Gute ist:

- Frühstückseier ohne Algen, weil das Wetter zu mies ist, um welche zu ernten.
- Würfelspiel, nur okay, weil es kein Kartenspiel ist.

Das Doofe ist:

- Die Yachtwurst schaukelt höllisch, sodass die Würfel vom Tisch kullern.
- Bolle wurde **seekrank** und ist von der Yachtwurst geflüchtet.
- Cheesy wurde mulmig. Sie ist nach Hause zu ihrem Käse gegangen.
- Bas wollte unbedingt zu Käpt'n Frieso gehen, weil er noch gar nicht wusste, welche Rettungsaktionen in den nächsten Tagen anstanden. Als er in der Tür stand und zu mir sagte: »Ich geh mich mal schlaumachen. Vergiss du nicht, inzwischen mit der Mundharmonika zu üben«, ist mir der Kragen geplatzt.

14:24 Uhr

Sorry, Leute, aber ich musste erst mal **Dampf** ablassen 😱 und Bas meine Meinung sagen. Ja, es musste sein.

Ich: »Die Rettungsaktionen finde ich genauso wichtig wie du. Aber sich für den Meeresschutz einzusetzen bedeutet auch, anderen dabei zu **helfen**. Und sie nicht mit einer Mundharmonika allein zu lassen, obwohl sie gar nicht wissen, was sie damit machen müssen.«

Bas schaute mich an, rieb sich die Stirn und überlegte kurz. »Sag das doch gleich, Sprotte. Ich hatte ja keine Ahnung.«

Den Spitznamen Sprotte hat mir Bolle letztes Jahr in den Sommerferien verpasst, und ich muss sagen: Ich mag ihn.

Dann sind wir in meine Kajüte gegangen. Dort hat mir Bas gezeigt, wie ich mit der Mundharmonika üben kann, 😇 bis uns beiden vom Wellengang schlecht wurde.

21:19 Uhr

Als Oma vorhin aus dem Meerestierkrankenhaus kam, habe ich gefragt, wie es der Krake geht. Daraufhin ist Oma voll ins Schwärmen geraten, weil diese Wabbelwesen offenbar richtig Grips haben. Sie lieben es, zu faulenzen (na ja, wer nicht?) und in Höhlen abzuhängen, um sich von ihrer extremen Schlauheit auszuruhen.

Ich: »Oma, nur dass du es weißt. Ich bin gerade dabei, mir eine **riesengroße** Idee auszudenken, wie man das Meerestierkrankenhaus auf einen Schlag retten kann.«

Oma: »Wie lieb von dir. Ich habe heute auch noch mal mit dem Bürgermeister darüber gesprochen. Aber auch wenn wir sparen, wo es geht – täglich brauchen wir Futter, damit die Patienten gesund werden können. Jede noch so kleine Idee, die eine Futterspende einbringt, hilft.«

Ich bin dann in meine Koje geschlüpft, um nachzudenken. Sind kleine Ideen genauso gut wie eine große, die auf sich warten lässt? Vielleicht ja. Ich schlafe mal drüber. Servus, bis morgen!

Mittwoch, den 7. AUGUST

9:38 Uhr

Am Bullauge schauen Cheesy und Bas den Regentropfen beim Wettrennen zu. Oma hat den **Regenkoller**. Den ganzen Morgen schon kollert sie herum und ruft: »Jetzt reicht's!« oder »Genug ist genug!« oder »Irgendwann muss doch auch mal Schluss sein!«

Der Regen hat ihre Nerven freigespült – und nicht nur ihre. Während sich Bolle ums Frühstück kümmert und ich überaus wichtigen Tätigkeiten nachgehe, **krittelt** er an mir herum, weil er findet, dass ich ihm ruhig helfen könnte.

Ich: »Hallo? Geht's noch? Ich schreibe gerade Tagebuch! Frag Oma!«, und zeige mit meinem Stift auf sie.

Oma: »Fünf Tage hundsgemeiner Dauerregen gehen über keine Fischhaut. So kann es nicht weitergehen.«

Ich: »Du hast recht, Oma. Aber was können wir tun?«

10:04 Uhr

Niemals im Leben erratet ihr, welche Idee gerade bei Oma rausgekollert ist. Da kommt ihr nie drauf. Darum sag ich's euch. Sie nimmt uns heute alle mit ins Meerestierkrankenhaus. Die Krake darf zum ersten Mal Besuch empfangen, und danach dürfen wir helfen, die anderen Meerestiere zu füttern. Wir sind ausgeflippt vor Freude und haben spontan einen **Regenkollertanz** aufgeführt. Aber nur ganz kurz. Okay, Leute, haltet mich jetzt bloß nicht länger auf. Ich muss los! Die anderen warten schon an der Tür.

14:24 Uhr

Hier sitzen wir nun in der Teeküche des Meerestierkrankenhauses und trinken Eistee. Die Meerestiere zu füttern hat großen Spaß gemacht, aber das Futter hat nur ganz knapp für alle gereicht. Es gibt einfach **zu viele kranke** Tiere. Für die verletzte Krake hatten wir am Schluss noch drei kleine Fische übrig. Ach, übrigens: Unsere Krake ist ein Oktopus**mädchen** (= eine **Tintenfischin**).

Ich: »Woher willst du das wissen?«

Farid, der Krakenpfleger: »Das sehe ich an der Spitze des dritten Arms. Er trägt **Saugnäpfe** bis zur Spitze. Ein Männchen hat dort keine Saugnäpfe.«

An den drei Armstummeln kann man schon sehen, dass winzige Ärmchen nachwachsen.

Na ja, und Bas hat uns wieder alle umgehauen, weil er sich getraut hat, ins Wasser zu fassen und den Oktopus am Kopf zu kraulen. Wahnsinn! Bas hat vor **gar nichts** Angst. Und die Krake hat es total genossen. Als ich mich neben Bas gestellt habe, um besser zuschauen zu können, hat sie mich nassgespritzt. Die anderen haben gelacht. Fand ich blöd.

21:11 Uhr

Danach haben wir Käpt'n Frieso besucht. Er war gerade dabei, einen Sicherheitscheck an der Knutschkugel durchzuführen.

Ich: »Hast du nicht eine tolle Idee, wie wir an mehr Futter für die Meerestiere kommen?«

Käpt'n Frieso: »Leider nicht, sonst hätte ich sie längst rausgelassen.«

Aus dem Augenwinkel habe ich gesehen, wie sich Bolle, Bas und Cheesy BLICKE zugeworfen haben.

Ich: »Sagt schon, was ihr denkt.«

Bolle: »Ich möchte ja nicht schon wieder mit der Yachtwurst-Band anfangen, aber Musik für einen guten Zweck zu machen, finde ich immer noch eine tolle Lösung. Ich könnte alle aufrütteln.« Daraufhin legte er den Kopf in den Nacken und tat so, als würde er trommeln. Käpt'n Frieso machte mit.

Bas: »Ja, irgendwann geben wir dann das Konzert und sammeln Spenden für das Meerestierkrankenhaus.«

Cheesy: »Aber das müssen wir bald machen. Ewig Zeit haben wir nicht.«

Ich: »Am besten wir spielen auf dem Wochenmarkt. Da kommen immer viele Leute hin.« Hach, manchmal ist mein Mund schneller als mein Kopf. Eigentlich wollte ich das nur denken und nicht sagen.

Käpt'n Frieso: »Na, das nenne ich doch mal eine großartige Idee.« Cheesy lächelte und nickte viel zu lange, so als könnte sie nicht mehr aufhören. Bolle hat mir auf die Schulter geklopft: »Bist echt 'ne Wucht, Sprotte.«

Aber damit das **klar** ist: Ich mache nur mit, weil die anderen daran glauben. Unter uns gesagt: Ich denke nicht, dass wir mit so was dem Meerestierkrankenhaus aus der Klemme helfen. Viel besser wäre, wenn ein Polizeikommando das Krankenhaus umstellt und jeden abhält, der es schließen will. Aber was soll ich machen, **sie** sind meine Freunde **und** sie glauben daran **und** sie sind in der Mehrzahl **und** sie wollen unbedingt, dass ich mitmache. Leider heißt das jetzt, dass ich öfter auf der Mundharmonika üben muss. 😟 Hoffentlich zahlt sich dieses große Opfer wenigstens ein klitzekleines bisschen aus.

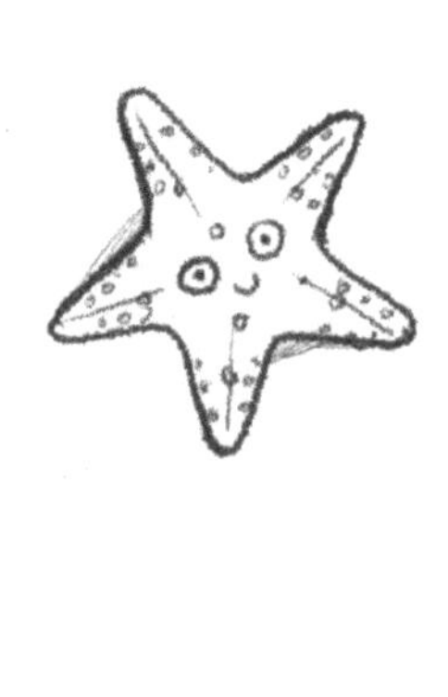

DONNERSTAG, den 8. August

8:08 Uhr

Zwar regnet es heute nicht, aber an eine Algenernte ist trotzdem nicht zu denken. Das Meer schäumt und wogt. Die Wellen spritzen heftig durch die Latten des klapprigen Holzsteges. Darunter abgestellte Körbe mit Algen würden sofort **weggespült** werden. Darum nimmt uns Oma heute wieder mit ins Meerestierkrankenhaus.

9:52 Uhr

Auf dem Weg dorthin hat Bas von seinem Papa erzählt.

Bas: »Ich finde es doof, dass er so selten Zeit für mich hat, nicht mal in den Ferien. Aber er hat versprochen, dass er mal vorbeikommt.«

Ich: »Meiner hat Zeit, **außer** in den Sommerferien. Da ist er woanders. Und das ist auch gut so, weil ich dann bei euch sein kann.«

Cheesy: »Meiner denkt total oft an Käse, wenn wir was spielen.« Darüber musste Cheesy lachen und wir auch.

Bolle: »Seid froh, dass ihr überhaupt einen Papa habt. Ich hätte liebend gern einen, selbst wenn er wenig Zeit hätte.«

Oma: »Klingt nach einem guten Grund für einen echten Herzenswunsch. Jetzt musst du nur noch danach Ausschau halten, wer ihn dir erfüllen kann.«

Da wurde Bolle nachdenklich und flüsterte: »Ich glaube, ich weiß es schon.«

11:52 Uhr

Krakenpfleger Farid hat uns für die gesamten Sommerferien die **Patenschaft** für das Oktopusmädchen übertragen. Das heißt, wir müssen:

1. es füttern,
2. das Becken schön einrichten und jeden Tag in Ordnung halten,
3. mit ihm spielen,
4. einen passenden Namen finden.

12:11 Uhr

Vorhin hat Farid dem Oktopusmädchen einen **Spiegel** ins Aquarium gestellt. Sie hat sich selbst entdeckt und nicht gegen das Spiegelbild gekämpft, sondern es sanft berührt. Ich glaube, wir haben es hier mit einem ganz lieben Exemplar zu tun. Ich wollte sie Oktolina-Amalia-Sophie nennen, aber Cheesy fand den Namen zu kompliziert.

Cheesy: »Susi passt viel besser.«

Ich: »Pfff … das ist doch ein Menschenname.«

Cheesy: »Na und?«

Ich: »Nee, ich weiß nicht. Irgendwie ist der Name gegen ihre Natur. Wir sollten wenigstens Okto vornedran haben.«

Cheesy: »Abgemacht, dann also Oktosusi.«

Ich habe zwar eingewilligt, finde aber immer noch, dass Oktolina-Amalia-Sophie viel majestätischer klingen würde.

15:22 Uhr

Was Oktopoden betrifft, steht eins fest. Jungs, die sich auf Anhieb gut mit ihnen verstehen (wie Bas), haben es **leichter im Leben**. Ganz im Gegensatz zu mir.

»Puuuhhhh, da ist bei Oktosusi wohl ein Wasserstrahl außer Kontrolle geraten«, sagte ich zu Farid und schnappte mir das Handtuch vom Stuhl, um mir das Wasser aus dem Gesicht zu wischen. Farid hat sich fast weggeschmissen vor Lachen. »Hahaha, nee, hahaha, das hat sie mit **voller Absicht** gemacht.«

Ich: »Was gibt's da zu lachen? Und überhaupt: Warum sollte sie das mit Absicht machen?«

Farid: »Ein bisschen zu viel Langeweile, und zack ... kommen Tintenfische auf dumme Ideen und kriegen Lust, etwas anzustellen.«

Ich: »Na ja, vielleicht wollte sie mich gar nicht treffen.«

Farid: »Doch, wollte sie. Kraken können Gesichter ganz genau unterscheiden und erkennen, wer den Raum betritt.«

Ich: »Na toll! Und was mach ich jetzt?«

Farid: »Denk dir Spiele für sie aus, lass sie Rätsel knacken, beschäftige sie. Oktopoden lieben es, ihre Umgebung zu erkunden, und hassen Langeweile über alles.«

Zwar war ich alles andere als gut auf die Tintenfischin zu sprechen, aber dass sie keine Langeweile abkann, verstehe ich nur zu gut.

Cheesy: »Oktosusi sitzt in einem **leeren** Becken. Logisch, dass ihr langweilig ist.«

Farid: »Am besten haltet ihr eure Hände ins Wasser. Indem sie euch abtastet, lernt sie euch besser kennen.

Mit den Saugnäpfen kann sie euch sehen, riechen und schmecken.«

Ja klar! Sonst noch was?

Und dann hat Cheesy aus Jux und Dollerei dem Krakenmädchen die Arme ins Becken gehalten. Und weil sich Cheesy traute, hat sich Bolle auch getraut. **Ich mich nicht.** Und das werde ich auch nicht. Jedenfalls nicht in den nächsten tausend Jahren.

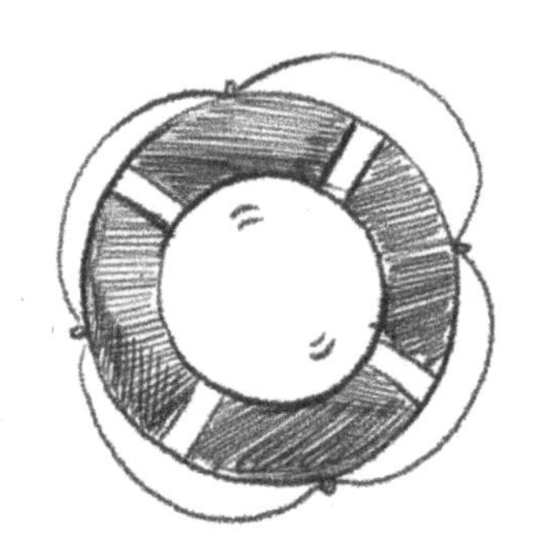

9:12 Uhr

Alle sind begeistert von Oktosusi und reden über nichts anderes mehr. Ich kann nicht mitreden, weil mich die Tintenfischin nicht leiden kann. Woher ich das weiß? Weil ich die Einzige bin, die sie nassspritzt. Das **wurmt** mich. Schade, dass wir heute keine Algen auf dem Markt verkaufen können. Damit könnte ich mich ablenken.

10:48 Uhr

Farid: »Du musst ihr Vertrauen gewinnen. Trau dich und nimm Körperkontakt zu ihr auf. Aber vergiss hinterher nicht, den Deckel des Aquariums gut zu verschließen und ihn mit den Gewichten zu beschweren, ansonsten hebt sie ihn an und verschwindet heimlich, um die Gegend zu erkunden.«

Ich: »Warum sollte sie abhauen? Sie braucht doch Wasser, um zu leben, oder nicht?«

Farid: »Schon, aber diese Tiere sind **superneugierig** und vergessen leicht, dass es besser für sie ist, im Wasser zu bleiben.«

Kann ich mir echt nicht vorstellen. Ich dachte, sie wären so überirdisch schlau?

13:22 Uhr

Bas spielt mit ihr ohne Ende. **(Angeber!)** Sobald er mit der rechten Hand ein C formt, kommt sie ruckzuck angeschwommen und steckt mit Schwung ihren Kopf in das C. Dann öffnet er die Hand und macht erneut ein C, und Oktosusi nimmt wieder Anlauf und stößt den Kopf hinein. Immer und immer wieder. Sie kann gar nicht genug davon kriegen.

Ich: »Warum findet sie das nur so spannend?«

Farid: »Kraken schlüpfen gern in enge Höhlen, und weil sie keine Knochen haben, quetschen sie sich durch Öffnungen, die kleiner sind als eine Mandarine.«

Cheesy: »Ich glaube, sie langweilt sich einfach schrecklich. Kein Wunder, dass sie für jeden Spaß zu haben ist, den Bas mit ihr macht.«

17:43 Uhr

Gleich danach haben wir Sand, Steine, Muschelschalen und Algen von der Farm geholt und das **Kraquarium** schick gemacht. Aus den Steinen haben wir eine Höhle gebaut, in der sie ausschlafen kann. Hoffentlich hat sie mitbekommen, dass ich dabei geholfen habe, und ist besser auf mich zu sprechen. Ihr »Zimmer« sieht jetzt aus wie der echte Meeresgrund. Ich glaube, dass es ihr richtig gut gefällt. Woher ich das wissen will? Na, weil sie so getan hat, als wäre sie einer von den dunklen Steinen, als sie sich oben auf ihre Höhle gesetzt hat. Sie hat dieselbe Farbe angenommen wie ihre Umgebung. Und auch wenn sie mit dem Sand spielt, ist sie genauso hell wie er. Gerade stelle ich mir vor, wie cool es wäre, wenn ich das auch könnte. Dann wäre meine Haut voller Blümchen, wenn ich im Flur an unserer Tapete vorbeiginge.

S·A·M·S·T·A·G, den 10. August

9:21 Uhr

Ich bin **verflucht** nah dran, schlechte Laune zu kriegen. Auf dem Weg von der Yachtwurst bis zum Meerestierkrankenhaus hat es geschüttet wie verrückt. Pitschnass bin ich geworden. Ich dreh am Rad, wenn das mit dem Wetter so weitergeht. Und dann hat Bolle sich vorhin auch noch aus der Patenschaft für Oktosusi ausgeklinkt, weil er lieber in Amandas Unverpacktladen helfen will.

Ich: »Wohin kommen wir, wenn das jeder macht?«

Bolle: »Oktosusi hat euch drei. Amanda hat niemanden.«

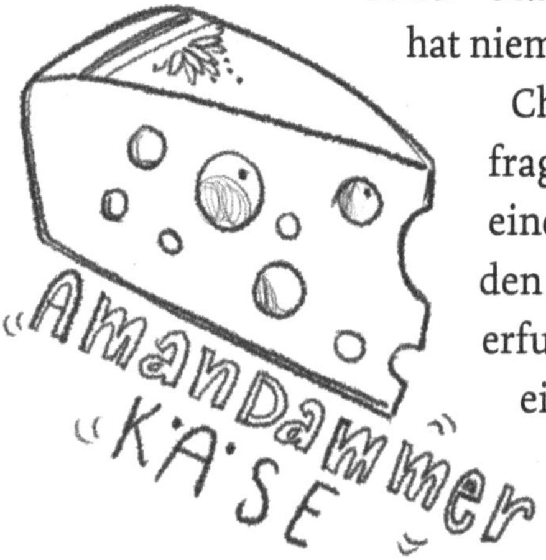

Cheesy: »Kannst du sie fragen, ob sie in ihrem Laden einen Käse verkaufen möchte, den mein Papa und ich neu erfunden haben? Er reift schon eine Weile, hat aber immer noch keinen Namen. Wir könnten ihn Amandammer-Käse nennen.«

»Amandammer Käse«

Bolle und ich mögen den Namen, und er will das Amanda mal vorschlagen.

10:41 Uhr

Dann sind Cheesy und ich ins Krakenzimmer Nr. 8 gegangen. Ich habe mir wirklich die **allergrößte** Mühe mit dieser Tintenfischin gegeben.

1. Ich habe sie angelächelt. (Obwohl mir heute überhaupt nicht danach zumute ist.)
2. **Freundlich** habe ich »Guten Morgen!« gesagt, und zwar leise, damit sie nicht erschreckt.
3. Dem Kraquarium habe ich mich extra langsam genähert, damit sie sich an mich gewöhnen kann.

Aber als ich davorstand, hat sie mir einen Strahl kaltes Wasser ins Gesicht gespritzt. **Geht's noch?** Ist das vielleicht nett? Geht man so mit Freunden um? Die kann mich mal! Weiß der Geier, wie man mit einem Oktopusmädchen Freundschaft schließt. Ich hab jedenfalls keinen Schimmer.

11:32 Uhr

Ich war so **höllisch** angefressen, dass ich unbedingt mal raus an die Luft musste. Und weil es gerade nicht geregnet hat, bin ich zum Strand marschiert und hab Mundharmonika geübt. Soll ich ehrlich sein? Da sind Töne herausgekommen, die hätte ich lieber nicht gehört. Schnell weg mit dem Ding. Aber wisst ihr, was ich in der Tasche meiner Regenjacke gefunden habe? Richtig! Den kleinen bunten Plastikball, den ich neulich im Spülsaum gefunden habe! Also, wenn das nicht das perfekte Spielzeug ist, um mir Oktosusis Freundschaft zu verdienen, weiß ich auch nicht weiter.

16:46 Uhr

Es gibt was Gutes und was Doofes zu erzählen. Womit soll ich anfangen? Okay, das Gute zuerst. Oktosusi ist voll auf den Ball abgefahren. Von Weitem habe ich ihn ins Kraquarium geworfen und sogar getroffen. (Weit genug, dass sie mich nicht nassspritzen konnte! Hahaha … **ausgetrickst!**) Zuerst hat sie nur zugeschaut, wie der Ball über die Oberfläche getrieben ist. Dann kam Cheesy reinspaziert und hat den Ball zur Pumpe hingeschoben. Das Wasser, das aus der Pumpe herauskam, hat den Ball durch das Becken getrieben. Das hat die Krake gleich geschnallt und nachgemacht. Zu dritt haben wir dann Wasserball gespielt. Voll witzig! Cheesy hat ihr ein Belohnungsleckerli gegeben. Vorsichtig hat Oktosusi ihr den Fisch aus der Hand genommen und ihn über die

Saugnäpfe zum Mund transportiert wie auf einem Förderband. Und dann war ich dran. Füttern ja, aber mit der Hand? **Nee.** Darum habe ich den Fisch in die lange Futterzange eingespannt. Und dann ging es ganz schnell:

1. Oktosusi hat die Futterzange abgetastet.
2. Sie hat den Fisch nicht genommen.
3. Sie hat mich komisch angeschaut.
4. Daraufhin habe ich ihr die Futterzange dichter hingehalten.
5. UND DANN: Platsch!!!! Hatte ich schon wieder eine Ladung Wasser im Gesicht. »**Spinnt die?**«

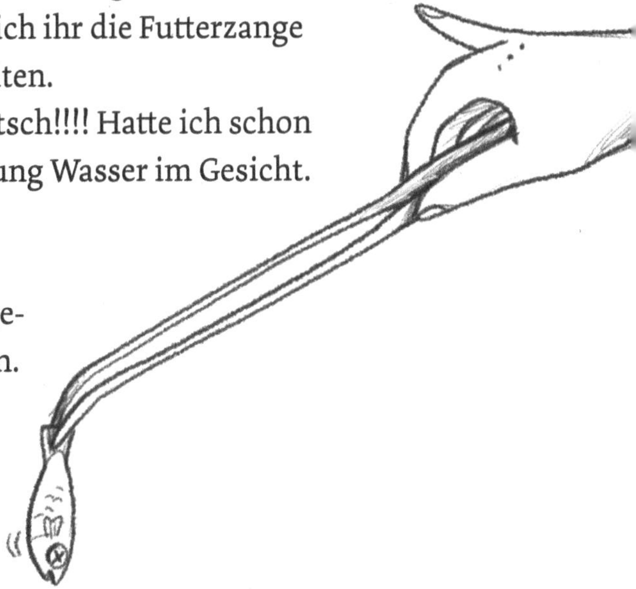

Cheesy hat sich weggeschmissen vor Lachen. »Sie mag eben kein Besteck.«

18:18 Uhr

Wegen Oktosusi geht's mir nicht gut. Ich werde mit Oma darüber sprechen, dass die Tintenfischin und ich nicht miteinander auskommen. Doch ich muss warten. Oma hat Kopfweh. Ich kümmere mich jetzt mal um sie, damit sie merkt, wie lieb ich sie habe. Darum schreibe ich erst morgen wieder ins Tagebuch.

21:12 Uhr

Jetzt muss ich doch noch kurz was nachschieben. Während Oma im Bett gepicknickt hat (ich habe für sie **das beste Tomatenbrot aller Zeiten** gemacht), ist es aus mir herausgesprudelt.

Ich: »Oktosusi und ich haben schwere Meinungsverschiedenheiten.«

Oma: »Woran hapert's?«

Ich: »Wir sind einfach **zu** unterschiedlich. Sie ist zu frech. Außerdem ist sie so furchtbar stur und widerspenstig. Alles muss immer nach ihrem Kopf gehen – und wehe nicht, dann spritzt sie mich nass.«

Oma: »Welche positiven Eigenschaften hast du an ihr entdeckt?«

Darüber hatte ich mir bisher noch **keine** Gedanken gemacht.

Ich: »Na ja, sie ist neugierig, echt schlau und verspielt, was **sehr süß** ist. Und sie kann sogar liebevoll sein.«

Oma biss in das Tomatenbrot. »Frech, stur, widerspenstig, schlau, liebevoll und neugierig sagtest du? Hmmm ... das klingt ganz nach **dir** selbst, Rebella. Offenbar seid ihr euch ähnlicher, als du glaubst. Daraus kann eine wunderbare Freundschaft entstehen.«

Wir und ähnlich? »Was ... echt jetzt?«

Oma: »Klar. Freundschaften gelingen nicht immer sofort. Für manche muss man sich etwas anstrengen. Ich glaube, in eurem Fall lohnt sich das.«

Ich: »Okay, versprochen, ich versuche es morgen noch **ein einziges Mal**. Aber eins sag ich dir klipp und klar, Oma: Ich werde diese Krake auf keinen Fall anfassen.«

SONNTAG, DEN 11. AUGUST

9:23 Uhr

Eben bin ich ins Krakenzimmer Nr. 8 gelaufen, und zwar mit den allerbesten Freundschaftsabsichten (wirklich!). Bas und Cheesy haben die Tintenfischin gerade gestreichelt. Bas' Papa hat eine Futterspende aus der Fischfabrik gebracht. Stinkeri-Stinkerä-Stinkerätätä! Riecht eklig! Sogar Bas' Papa lässt Oktosusi in ihre Nähe. Aber kaum war ich da, hat sie ihr Röhrenorgan geladen und einen Wasserstrahl auf mich abgefeuert.

Krakenpfleger Farid meinte: »Sie will dich bloß ein bisschen ärgern. Mach dir nichts draus.«

Pfff ... *Mach dir nichts draus.* Das ist viel leichter gesagt als getan. Jetzt sitze ich in der Teeküche, wo ich mich abgetrocknet habe. Ich habe überhaupt keine Lust mehr, mit dieser **Tintenfischkuh** befreundet zu sein. Wenn ihr wüsstet, wie **bitter-bitter-bitter** ich das Versprechen bereue, das ich meiner Oma gestern Abend gegeben habe. Wieso soll ich nett sein, wenn sie es nicht ist?

Cheesy: »Kommst du wieder rüber? Wir dürfen jetzt die anderen füttern, hat Farid gesagt.«

Ich: »Gleich! Ich schreibe nur noch einen wichtigen Satz in mein Tagebuch.«

Nie wieder in meinem ganzen Leben verspreche ich irgendwas! Man gerät nur in Schwierigkeiten, wenn man so ein strunzblödes Versprechen halten muss.

11:41 Uhr

Richtig reingegangen bin ich ins Krakenzimmer Nr. 8 nicht mehr. Ich warte lieber im Türrahmen auf Bas und

Cheesy, bis sie mit Oktosusi gespielt haben.

Bas meinte gerade: »Hör mal auf, in dein Tagebuch zu kritzeln. Wir gehen jetzt die anderen Meerestiere füttern.«

Dann haben sich Cheesy und Bas die

Futtereimer geschnappt, die Bas' Papa vorhin gebracht hat.

Ich: »Geht schon vor. Ich komme gleich nach. Muss nur noch schnell aufs Klo.«

Glücklicherweise ist die Toilette gleich gegenüber.

16:12 Uhr

Ihr könnt euch nicht vorstellen, was mir vorhin auf dem Klo passiert ist. In dem Moment, als ich die Kabinentür schließen wollte, habe ich aus dem Augenwinkel gesehen, wie mir ein dunkler **Schatten** folgte. Zuerst habe ich gedacht, es wäre der Krankenhauskater Nuntius. Aber er war es nicht. Es war – und jetzt haltet euch fest: Oktosusi, die über den Boden geglitscht ist und schnurstracks auf das große gemauerte Spülbecken zusteuerte. Zuerst schaute ich zur Krake, dann auf den Abfluss. Oh nein! Der Abfluss war größer als eine Mandarine. Das hieß, Oktosusi wollte abhauen. »Verflixt, was mach ich denn jetzt?« Eins wusste ich genau: Wenn sich Oktosusi da reinquetschte, würde sie auf Nimmerwiedersehen im **Abwasserkanal** verschwinden und in Lebensgefahr geraten. Der Hilfeschrei blieb mir glatt im Hals stecken, weil die Tintenfischin in einem Affenzahn unterwegs war. Ihr glaubt gar nicht, wie schnell so ein Oktopus sein kann. **Niemand** war da, um sich ihr in den Weg zu

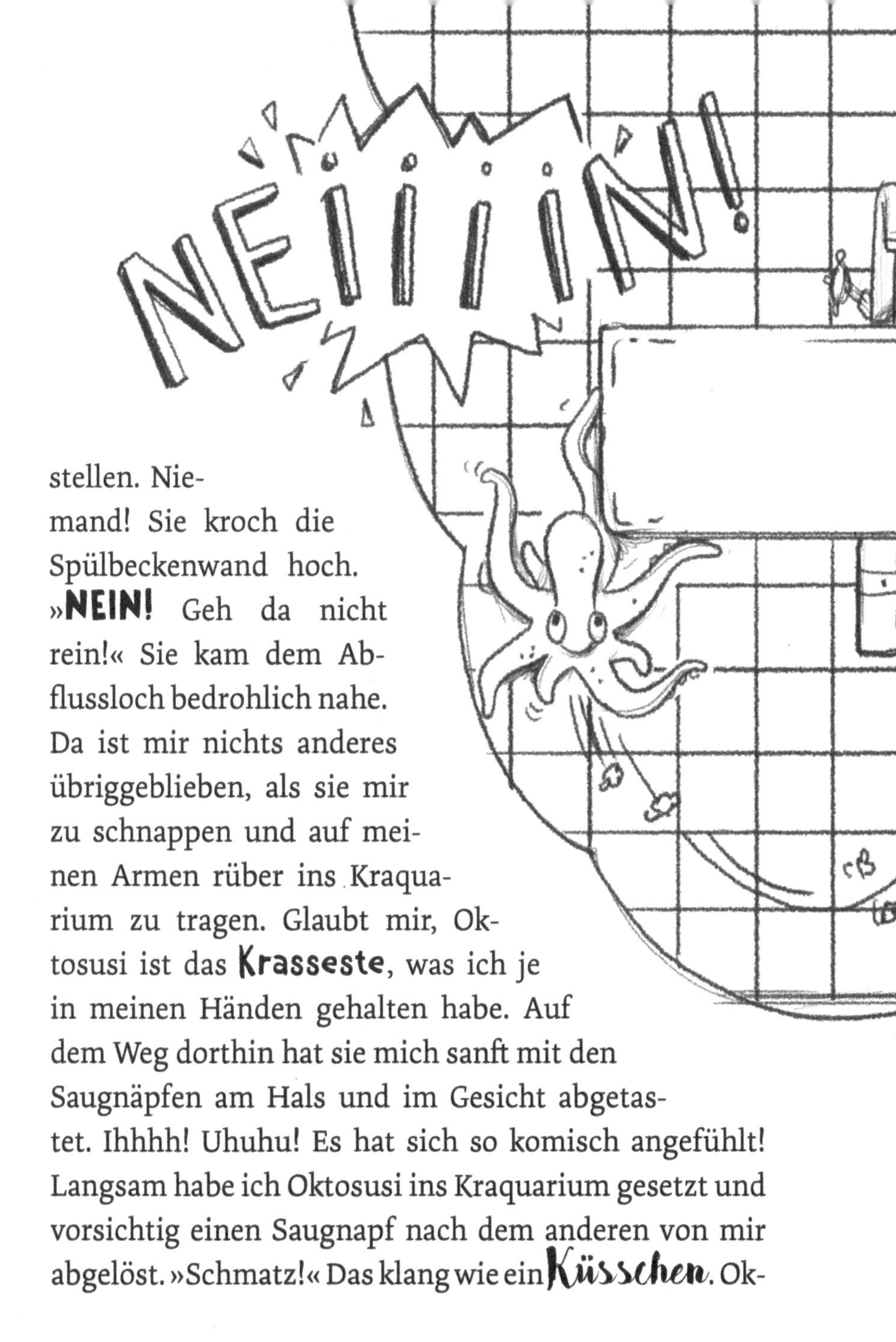

stellen. Niemand! Sie kroch die Spülbeckenwand hoch. »**NEIN!** Geh da nicht rein!« Sie kam dem Abflussloch bedrohlich nahe. Da ist mir nichts anderes übriggeblieben, als sie mir zu schnappen und auf meinen Armen rüber ins Kraquarium zu tragen. Glaubt mir, Oktosusi ist das **Krasseste**, was ich je in meinen Händen gehalten habe. Auf dem Weg dorthin hat sie mich sanft mit den Saugnäpfen am Hals und im Gesicht abgetastet. Ihhhh! Uhuhu! Es hat sich so komisch angefühlt! Langsam habe ich Oktosusi ins Kraquarium gesetzt und vorsichtig einen Saugnapf nach dem anderen von mir abgelöst. »Schmatz!« Das klang wie ein *Küsschen*. Oktosusi hat sich auf ihre Höhle gesetzt und mich von dort beobachtet, während sie dunkel wurde wie der Stein unter ihr. Still haben wir uns angeschaut, und ich musste lächeln. Ich hätte schwören können, dass sie zurückgelächelt hat. Nur darum habe ich meine Hand noch mal ins Wasser gesteckt, um sie am Kopf zu streicheln. »Das ist ja gerade noch mal gut gegangen.« Liebevoll drückte Oktosusi ihren Kopf in meine Handfläche. **So SÜÜÜß!** Plötzlich bin ich zusammengezuckt, als Bas hinter mir zu Bolle gesagt hat: »Ich glaube, das Eis ist gebrochen!«

Brühwarm habe ich den anderen erzählt, was passiert war. Gemeinsam haben wir überlegt, wie Oktosusi aus dem Becken entwischen konnte. Dann sind wir drauf

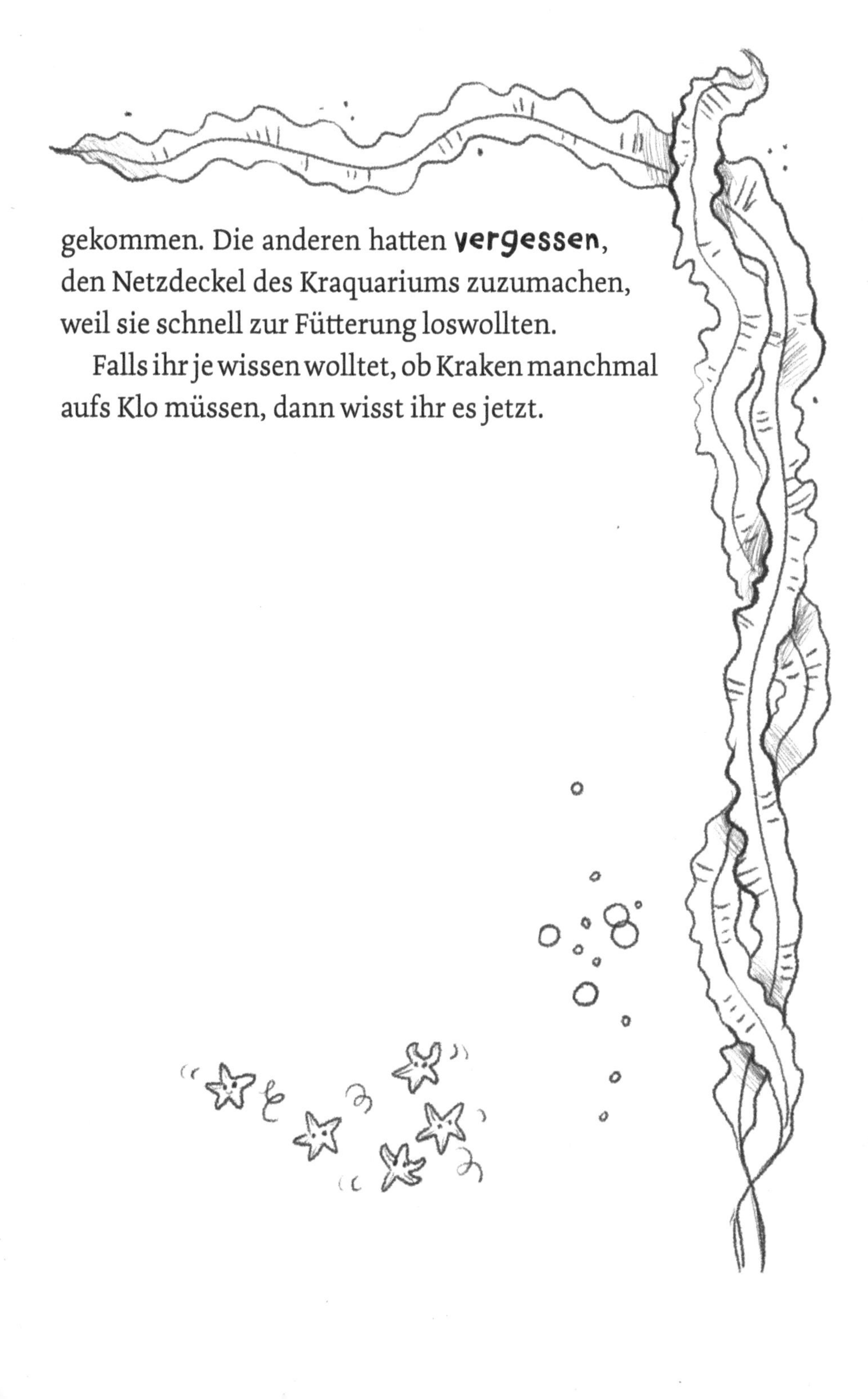

gekommen. Die anderen hatten **vergessen**, den Netzdeckel des Kraquariums zuzumachen, weil sie schnell zur Fütterung loswollten.

Falls ihr je wissen wolltet, ob Kraken manchmal aufs Klo müssen, dann wisst ihr es jetzt.

MONTAG, den 12. August

13:04 Uhr

Soll ich euch mal was **petzen**? Ich glaube, Bas ist verliebt. Warum ich das denke? Na ja, seit er weiß, dass ein **Glattrochenweibchen** in Zimmer Nr. 11 liegt, kommt er da nicht mehr heraus. Krakenpfleger Farid hat gesagt, dass der Rochen an einer Hautkrankheit leidet, die durch chemische Gifte im Wasser verursacht wurde.

Bas: »Sprotte, meinst du, ihr kommt auch ohne mich mit Oktosusi klar?«

Ich: »Warum fragst du?«

Bas: »Weil ich mich um die Hautpflege des Glattrochenweibchens kümmern möchte. Sieht übel aus. Sie braucht mich. Farid sagt, dass sie bald Eier legen wird.«

Ich: »Echt? Ohhh, haben wir dann bald Rochenbabys im Aquarium? Das wäre zuckersüüüüüß!«

Bas: »Um ehrlich zu sein, möchte ich die Mama schnell gesund pflegen, damit sie ihre Eier im Meer ablegen kann. Glattrochen sind geschützte Tiere. Das Überleben jedes einzelnen Babys ist wichtig. Die besten Chancen dafür haben sie im Meer.«

Das sah ich sofort ein.

»Geht klar!«

Bas klopfte mir auf die Schulter. »Danke, Sprotte, bist eine echte Freundin.«

21:52 Uhr

Ihr sollt es zuerst wissen. Vorhin war ich allein bei Oktosusi. Sie hat mich angeschaut. Daraufhin habe ich gegen die Scheibe gehaucht und mit meinem Zeigefinger langsam ein Herz gemalt. Zuerst hat mir Oktosusi nur dabei zugeschaut. Doch dann hat sie versucht, mit der Spitze ihres Arms **meinen Finger** zu treffen, und ist ihm gefolgt. Wir haben dasselbe Herz gemalt, ich von außen und sie von innen. WOW! Das war ein ganz, ganz besonderer Augenblick. Einfach der Hammer! Ich kann gar nicht beschreiben, wie schön es wirklich war. Darum habe ich es erst mal für mich behalten. Oktosusi ist ein fühlendes Wesen. Müssen solche Wesen nicht auch durch ein Gesetz geschützt werden? Ich finde schon.

Dienstag, den 13. August

9:45 Uhr

Gleich ist Fütterungszeit für Oktosusi! Kater Nuntius hat sich reingeschlichen und will auch was abhaben. Nuntius liegt gerade mit ausgestreckten Pfoten neben dem Kraquarium. Cheesy streichelt ihn und hält ihm einen Fisch aus dem Eimer hin. Im Becken schleicht sich Oktosusi auf den Armspitzen vorsichtig heran und beobachtet die beiden. Ich gönne Nuntius den Fisch von Herzen. Trotzdem wird mir mulmig bei dem Gedanken an die Fütterungszeit. Hoffentlich haben wir genug Futter für alle kranken Meerestiere. Was sollen wir bloß tun, wenn es irgendwann nicht mehr für alle reicht?

13:14 Uhr

Beim Mittagessen hat Cheesy vorgeschlagen, dass wir Gegenstände im Kraquarium verstecken, die Oktosusi suchen soll.

Ich: »Aber sie ist doch kein Hund.«

Cheesy: »Was Hunde mögen, kann doch auch Kraken Spaß machen.«

Wir haben einen kleinen Löffel im Sand versteckt. Oktosusi hat ihn gefunden, wollte ihn aber nicht loslassen. Darum habe ich ihr zum **Tausch** einen Shrimp angeboten. Sie hat ihn genommen und mir den Löffel überlassen.

19:43 Uhr

Zum Abendessen kam Bolle auf der Yachtwurst vorbei.

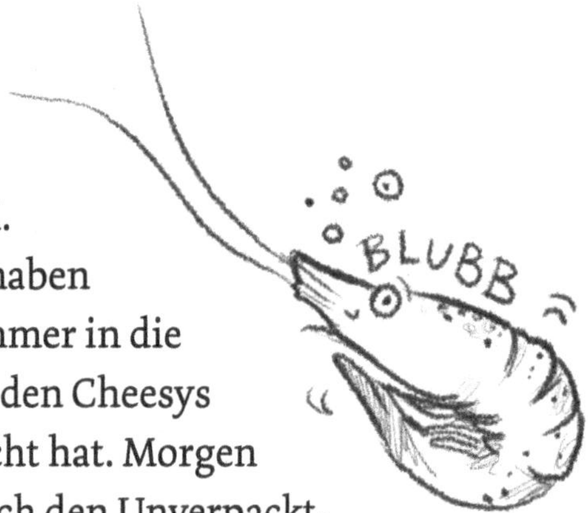

Bolle: »Vorhin haben wir den Amandammer in die Kühltheke gelegt, den Cheesys Papa vorbeigebracht hat. Morgen eröffnen wir endlich den Unverpacktladen.«

BLUBB

Ich: »Heißt das, dass du am Freitag nicht mit zum Markt kommst?«

Bolle: »Doch, doch. Ehrensache, dass ich dabei bin. Außerdem muss ich dort dringend was besorgen.«

Ich: »Was denn?«

Cheesy: »Was Wichtiges?«

Aber Bolle wollte einfach nicht mit der Sprache rausrücken.

Morgen Mittag nach der Fütterung wollen wir mit der Yachtwurst-Band proben. Darum übe ich jetzt noch **Mundharmonika**.

MITTWOCH, DEN 14. August

10:11 Uhr

Cheesy und ich haben gerade das Glattrochenfräulein besucht. Bas schleppte einen Eimer frisches Meerwasser nach dem anderen heran. Er denkt **nur** noch an den Rochen. Sogar eine Ausfahrt mit der Yachtwurst hat er abgelehnt. Dabei hätte Käpt'n Frieso ihn dringend auf einer Meeresschutzmission gebraucht. Er hörte überhaupt nicht zu, als ich von der Herzmalerei mit Oktosusi erzählt habe. Wenigstens Cheesy fand es süß.

Ich: »Bas, soll ich dir mal was sagen? Du hast noch andere Freunde, um die du dich auch mal kümmern solltest. Komm, Cheesy, wir gehen.«

12:18 Uhr

Im Zimmer Nr. 8 haben Cheesy und ich gerade die **olympischen Krakenspiele** eröffnet.

13:12 Uhr

Ich schreibe hier eine Anleitung auf, falls ihr **eurer** Krake beibringen wollt, euch einen Teelöffel zu bringen:

1. Den Teelöffel vor die Krake hinlegen und warten, bis sie danach greift.
2. Während sie ihn festhält, leicht am Teelöffel ziehen. Sobald sie loslässt, sofort mit einem fischigen Leckerli belohnen. Man darf ihr den Löffel nicht wegreißen. (Geht eh nicht! Hab's ausprobiert. Sie lässt ihn ums Verrecken nicht los. Ihr habt keine Ahnung, wie **superstark** eine Krake ist.)
3. Das alles übt ihr, bis die Krake oder ihr keinen Bock mehr habt. In unserem Fall war es Cheesy.

Achtung: Hat am Anfang etwas gedauert, bis sie den Löffel abgegeben hat. Nur nicht ungeduldig werden!

20:04 Uhr

Die Bandprobe lief heute Nachmittag nicht gut. Bas war **sauer** auf mich wegen vorhin. In der Garage hat er kaum mit mir geredet und mich höchstens mal angeblafft, wenn mir aus Versehen ein falscher Ton aus der Mundharmonika gerutscht ist. Dabei habe ich in den letzten Tagen echt **Fortschritte** gemacht. Wirklich! Drei Lieder kann ich schon. Aber Bas nörgelt ohne Ende an mir herum.

Ich: »Du brauchst überhaupt nicht die Augen zu verdrehen, Bas!«

Bas: »Gib dir doch mal ein bisschen mehr Mühe. Du machst immer dieselben Fehler.«

Ich: »Die passieren nur, weil du andauernd an mir herummäkelst.«

Bas: »Anstatt anderen zu sagen, wie oft sie sich um ihre Freunde kümmern sollten, könntest du die Zeit besser nutzen, um Mundharmonika zu üben. So langsam vergeht mir nämlich die Lust, mit jemandem in einer Band zu spielen, der das eigentlich gar nicht will.«

Bas stellte die Gitarre ab und wollte gehen.

Ich: »Stopp!«

Aber er lief unter dem Garagentor hindurch nach draußen.

Ich habe ihm hinterhergerufen: »Das stimmt überhaupt nicht, was du gesagt hast! Jedenfalls nicht mehr. Zugegeben, am Anfang hatte ich keine Lust. Aber das hat sich geändert, und ich gebe mir echt Mühe. Doch du nimmst dir keine Zeit für uns und spielst die beleidigte Leberwurst. So retten wir das Meerestierkrankenhaus nie!« Trotzdem ist Bas nicht zurückgekommen.

Danach hatte **niemand** mehr Lust, Musik zu machen. Darum sind wir nach Hause gegangen. Ach, Leute, manchmal ist das Leben nicht leicht, auch wenn man seine Freunde echt gernhat.

DONNERSTAG, DEN 15. AUGUST

12:42 Uhr

Na, toll! Weil wir wegen der Algenernte für den Markt heute zu spät gekommen sind, hat Krakenpfleger Farid Oktosusi **schon gefüttert**. Was hat er sich bloß dabei gedacht? Cheesy und ich hatten doch beschlossen, dass Oktosusi sich ihr Frühstück erst mit einem olympischen Spiel verdienen soll (durch Omas silbernen Halsreif schwimmen). **Zu spät!**

13:17 Uhr

Absolut nichts zu machen. Oktosusi ist satt, knallvoll bis in die allerletzte Tentakelspitze. Sie hat sich in ihre Höhle zurückgezogen. Wir lassen sie schlafen und wollen später wiederkommen. Was meint ihr, sollte ich bei Bas vorbeischauen? Der Streit von gestern geht mir nicht aus dem Kopf. Ich überleg's mir mal.

14:42 Uhr

Wenn ich genauer drüber nachdenke, finde ich, dass Bas kommen und sich entschuldigen sollte. Schließlich hat er mit dem Streit angefangen. Ja, genau!

18:11 Uhr

Wir sind noch mal zurückgegangen, und Oktosusi hat schon auf uns

gewartet. Während sie mit viel Spaß durch Omas Halsreif geschwommen ist, hat sich Kater Nuntius heimlich über ihr Futter hergemacht. Als Oktosusi das bemerkte, hat sie sich aufgespannt wie ein Regenschirm und so getan, als würde sie sich auf den Kater stürzen. Natürlich war die Scheibe dazwischen, aber Nuntius hat einen Riesenschreck gekriegt und ist abgehauen. Hihihi! Wir haben uns totgelacht. Dann hat uns Farid die Ration Shrimps für morgen gebracht. Die haben wir im leeren Nachbarbecken neben Oktosusis Kraquarium schwimmen lassen.

21:02 Uhr

Am Abend hatte Oma plötzlich Lust auf Chips.

Oma: »Wollen wir uns welche machen und sie dann gemütlich in der Hängematte wegknuspern?«

Ich: »So, wie ich dich kenne, redest du bestimmt nicht von normalen, leckeren Kartoffelchips. Aber klar, ich bin dabei, Oma!«

Gemeinsam haben wir im Flachwasser ein Netz voll grünen Meersalat geerntet.

Ich: »Dein Appetit scheint wirklich groß zu sein, Oma.«

Oma: »Ach, das sieht nur so viel aus. Im heißen Öl schrumpfen die ziemlich zusammen.«

Ich hatte die Idee, weißen Sesam zu rösten und ihn über die Algenchips zu streuen, solange sie noch heiß waren. Sie dann lauwarm aus der Schüssel zu essen, während die Hängematte hin und her schaukelte, war schon ein meeegagemütliches Abendprogramm.

Oma: »Sag mal, Rebella, wie geht es eigentlich mit der Yachtwurst-Band voran? Manchmal höre ich dich

Mundharmonika spielen. Gefällt mir! Ich erkenne die Lieder.«

Ich: »Ach, frag lieber nicht, Oma. Bas und ich haben übel gestritten.«

Ich hab ihr erzählt, was passiert ist. Vor meiner Oma brauche ich keine **Geheimnisse** zu haben.

Oma: »Lass ihm etwas Zeit. Wenn du weiterhin so schön übst, dann renkt sich alles wieder ein.«

Ich: »Das hoffe ich sehr, denn es geht darum, mit unserer gemeinsamen Sache das Meerestierkrankenhaus zu retten.«

Sie strich mir über den Kopf. Danach habe ich Oma ihr Buch lesen lassen und bin in meine Kajüte gegangen. Es ist höchste Zeit, das vierte Lied auf der Mundharmonika zu üben. Bei unserem Auftritt wollen wir insgesamt fünf Lieder spielen. Puh, das ist noch ein hartes Stück Arbeit.

Freitag, 16. August

7:56 Uhr

Um Oktosusi *Guten Morgen* zu sagen, sind Cheesy und ich heute schon früher ins Meerestierkrankenhaus gegangen, weil wir später auf dem Markt sein werden. Ja, und das war auch **gut** so. Wenn ihr glaubt, Tintenfische wären nur tagsüber schlau, dann habt ihr euch geschnitten. (Ich jedenfalls habe das gedacht und Cheesy auch.) Leute, ihr könnt euch nicht **vorstellen**, was passiert ist. Mir fehlen die Worte. Ich … ich … ich male es mal lieber. Geht schneller.

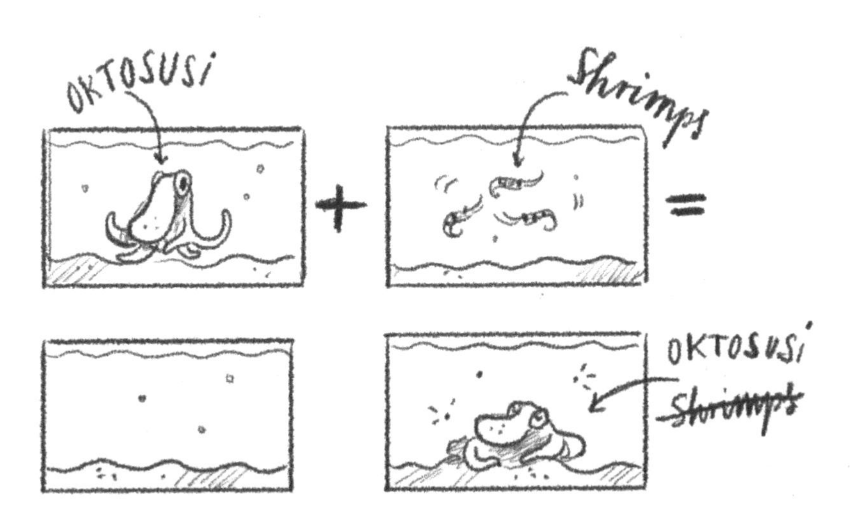

17:22 Uhr

Wir sitzen in meiner Kajüte vor dem Panoramafenster. Ich habe Cheesys Haare geflochten. Ah, Bolle kommt gerade.

20:20 Uhr

Bolle wollte uns was zeigen. Deshalb ist er extra noch mal vorbeigekommen. Er hat heute etwas auf dem Markt besorgt, davon hat er letzten Mittwoch schon gesprochen. Es ist eine Muschel.

Bolle: »Das war die schönste Wunschmuschel, die es am Stand zu kaufen gab.«

Cheesy drehte die Muschel in der Hand herum. »Sie ist wunderschön.«

Ich: »Und wofür brauchst du sie so dringend?«

Bolle: »Ich habe schon lange einen richtig großen Herzenswunsch, so groß, dass ich Hilfe brauche, damit er sich endlich erfüllt.«

Cheesy hat »Ohhhh!« gerufen und ihn umarmt. »Aber natürlich helfen wir dir.«

Ich: »Das ist eine Ehrensache für uns, Bolle. Was können wir tun?«

Bolle: »Ich hätte euch einfach gern dabei, wenn ich

meinen Wunsch hier reinspreche, weil ihr meine Freundinnen seid. Wenn wir zu dritt daran glauben, kann doch eigentlich nichts mehr schiefgehen, oder?«

Bolle nahm die Muschel und sprach in die innere Wölbung: »Ich wünsche mir einen neuen Papa. Bitte hilf mir und meiner Mama, dass wir ihn bald finden.« Ich wollte auch was sagen, aber Cheesy hat sich den Zeigefinger auf den Mund gelegt. Dann sind wir mit Bolle und der Muschel an Deck gegangen und haben sie ins Wasser geworfen. »Die Wellen bringen den Wunsch nun dorthin, wo er sein muss, um in Erfüllung zu gehen. So eine Muschel funktioniert wie ein **Wunsch-Postbote**, hat die Frau auf dem Markt gesagt.«

Ich: »Aber warum hast du nur einen Wunsch hineingesprochen und nicht gleich ganz viele?«

Bolle: »Von allen Wünschen ist er der dringendste.«

Ich glaube, Bolle meint es wirklich ernst mit einem Papa. Und ich kann ihn verstehen. Ich bin froh, dass ich schon einen habe.

Samstag, den 17. August

10:24: Uhr

Beim Frühstück auf der Yachtwurst haben Cheesy und ich beschlossen, den Schwierigkeitsgrad der olympischen Krakenspiele zu erhöhen. (Es kann ja nicht schaden, der Krake einen kleinen **Streich** zu spielen 😬.) Dafür sind wir in den Unverpacktladen zu Bolle gegangen und haben gefragt, ob wir ein paar Mehrwegdosen verschiedener Größe ausleihen dürfen.

Cheesy: »Meinst du, Oktosusi kann den Deckel überhaupt aufkriegen?«

Ich: »Für den Shrimp darin wird sie sicher alles geben, trotzdem sage ich: Nie im Leben kriegt sie das hin!«

15:33 Uhr

Okay, Leute, so ist es gelaufen: Zuerst haben wir einen Shrimp in die kleinste Dose gelegt.

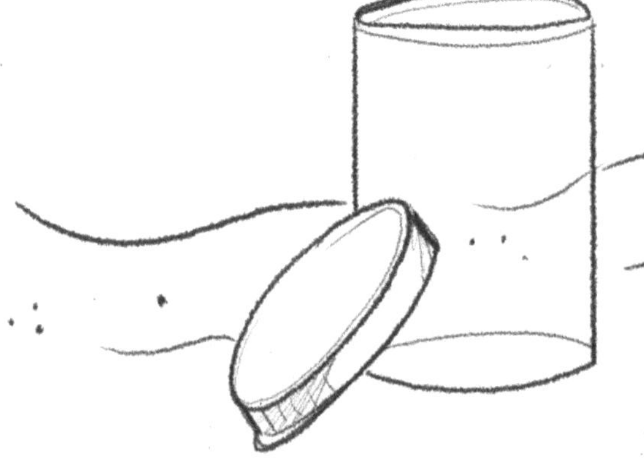

Oktosusi ist aus der Höhle gekommen und hat versucht, eine Armspitze in die Ritze unter den Deckel zu schieben. Als das nicht funktionierte, hat sie sich obendrauf gesetzt. Dort ist sie eine Weile geblieben, sodass wir es uns mit Eistee gemütlich gemacht haben, um zuzusehen, was passiert. Und dann ging es plötzlich ganz schnell. **Zack** – und der Deckel war ab.

Cheesy: »Das war zu leicht.«

Daraufhin haben wir drei Dosen ineinandergestellt. Leute, ich sag euch: Keine zehn Minuten, und die waren offen! Und das alles mit nur vier Armen, denn ihre drei fehlenden Arme sind noch nicht nachgewachsen und mit dem **fünften** hat sie ganz nebenbei einen Fisch aus einer Schüssel stibitzt, die oben auf dem Rand des Kraquariums stand. »Hey, Oktosusi,

du beklaust uns heimlich hinter unserem Rücken? So geht das aber nicht!«

17:51 Uhr

Wir Algenfarmer haben uns auf die Hängematte gequetscht und **schaukeln** vor uns hin: Cheesy und ich auf der einen Seite, Bas und Bolle gegenüber.

Bas: »Das hat mir total gefehlt. Ab sofort will ich wieder mehr Zeit mit euch verbringen. Aber um das Rochenweibchen muss ich mich trotzdem kümmern.«

Cheesy: »**Gute Idee**. Wir müssen auch noch festlegen, wann wir auf dem Markt auftreten wollen. Ich schlage nächsten Freitag vor.«

Ich: »Was, nächste Woche schon? Ich kann aber erst drei Lieder!«

Bas: »Die fünf Lieder wären schon wichtig. Die Leute müssen sehen, dass wir uns für eine Spende auch wirklich anstrengen. Brauchst du Hilfe?«

Fand ich nett. Leider kann er mir beim Üben nicht helfen. Ich muss es allein hinkriegen. Beim Auftritt kann er mir ja auch nicht helfen. Schließlich habe ich versprochen, ab jetzt noch mal ordentlich ranzuklotzen, bis die Lieder sitzen.

Bolle: »Lasst uns das ab morgen ernster nehmen. Sonst blamieren wir uns furchtbar, und niemand spendet auch nur einen Cent.«

Bas: »Morgen geht nicht. Morgen ist unser Freundschaftstag.«

Ich: »Unser was?«

Bas: »F-r-e-u-n-d-s-c-h-a-f-t-s-tag.«

Bolle: »Der kommt genau richtig. Den haben wir bitternötig.«

Cheesy: »Los, Bas, erzähl schon: Was ist das?«

Bas: »Käpt'n Frieso macht mit uns einen Ausflug in der Knutschkugel zur **Kreideküste**. Das hat er mir vorhin erst gesagt.«

Ich: »Weiß Oma schon Bescheid?«

Bas: »Ich glaube, von ihr kam der Vorschlag, wenn ich Käpt'n Frieso richtig verstanden habe.«

Also ich muss schon sagen, meine Oma hat nicht vergessen, was ich ihr am ersten Tag auf dem Bahnsteig gesagt habe: *Ich freu mich so, dich zu sehen, Oma, und auf all die Abenteuer, die du organisiert hast, damit mir nicht langweilig wird.*

21:55 Uhr

Morgen werde ich Oktosusi den ganzen Tag nicht sehen. Zwar liege ich schon in der Koje, bin aber vorhin noch mal herausgekrabbelt und zu Oma gegangen.

Ich: »Danke, dass du für uns den Ausflug mit der Knutschkugel organisiert hast. Ist 'ne echte Überraschung.«

Oma: »Danke, dass ihr euch Gedanken zur Rettung des Meerestierkrankenhauses macht. Finde ich richtig toll.«

Ich: »Gern geschehen. Sag mal, Oma, kann eine Tintenfischin ein Menschenmädchen vermissen und vielleicht sogar **liebhaben**?«

Oma: »Warum nicht? Mit **drei** Herzen sollte das überhaupt kein Problem sein.«

Leute, ist das nicht schön? Würde es das Meerestierkrankenhaus nicht geben, hätte ich Oktosusi nie kennengelernt. Es darf nicht geschlossen werden. Gleich nach unserem Freundschaftstag muss ich mehr üben. **Gute Nacht**, ihr da draußen!

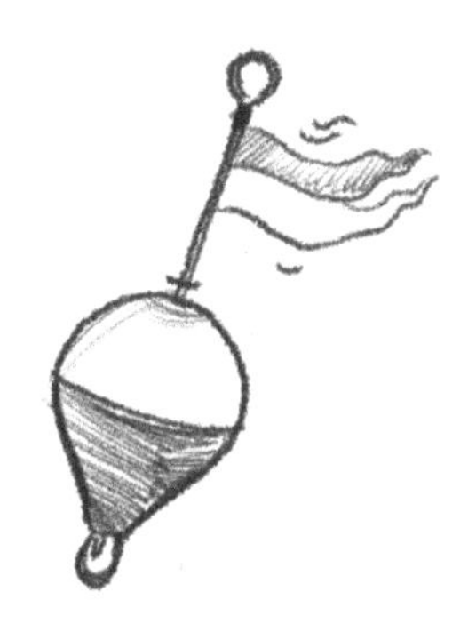

SONNTAG, DEN 18. AUGUST

10:51 Uhr

Wir sind abgefahren! Uhuhuh! Gluck, gluck, gluck, und schon sanken wir in die Tiefe. So eine **Tauchfahrt** mit der Knutschkugel ist ein bisschen unheimlich. Je tiefer wir kamen, desto dunkler wurde es. Wenn alles um einen herum **schwarz** ist und keiner spricht, läuft einem ein **Schauer** über den Rücken. Bolle flüsterte, dass er sich fühlte wie in einem Raumschiff weit draußen im Weltall. Man hörte nur noch

das Brummen der Motoren und das Klicken von Hebeln und Knöpfen. Fische schwammen umher, Würmer streckten bunte Tentakelkränze heraus und taten so, als wollten sie Blumen auf einer Sandwiese sein. Die Unterwasserwelt ist magisch. Tiere sehen hier manchmal aus wie Blumen.

Wir waren schon eine ganze Weile unterwegs. Plötzlich gab der Käpt'n das Kommando: »Volles Licht!«

Oma drehte einen Schalter nach rechts bis zum Anschlag und … Bäm! Sofort erkannten wir das Naturschutzgebiet, in das wir letztes Jahr die weißen Seepferdchen umgesiedelt haben. Wir haben geschrien vor Freude, als Bas das erste Albino-Seepferdchen entdeckt hat. Es geht ihnen gut. Wie schön!

15:26 Uhr

Die Kreidefelsen stehen auf einer Insel, die **Rügen** heißt. Am Anfang dachte ich: Boah, was wollen wir denn hier? Da liegen ja nur **langweilige Steine** am Strand rum. Aber das sind Feuersteine. Bas und Bolle haben ausprobiert, ob sie damit ein Feuer anzünden können. Dafür haben Cheesy und ich Treibholzstücke aufgehäuft, und Bas hat zwei Steine aneinandergeschlagen. Ein Feuer hat er zwar nicht angekriegt, aber **Funken** sind schon geflogen. Cheesy hat das erste Fossil gefunden: einen **Seeigel**. Daraufhin sind wir ausgeschwärmt und haben jeden Stein umgedreht. Ich habe so lange dünne Dinger gefunden.

Seeigel-Fossil

Oma: »Das sind **Donner-Keile**.«

Ich: »Warum heißen die so? Donnern die?«

Oma: »Sie wurden nach dem Gott Donar benannt, der über Blitz und Donner herrscht. Aber es sind die versteinerten Reste von Tintenfischen.«

Ich: »Echt jetzt?«

Oma: »Wenn du so willst, hältst du gerade Fossilien von **Oktosusis Omas** in der Hand.«

Das ist krass. Ich male mal hier unten rein, wie die aussehen, damit ihr sie am Strand erkennt.

20:22 Uhr

So eine weiche, warme Koje nach einem langen, aufregenden Tag ist **wunderbar**. Die Leselampe über mir brennt, sodass ich noch schnell den Rest erzählen kann, aber nur euch, denn ...

Oma soll nicht wissen, dass ich finde, dass Käpt'n Frieso das beste Picknick aller Zeiten dabeihatte. Nur die feinsten Sachen wie Kartoffelsalat, hartgekochte Eier und Wiener Würstchen, die wir auf einem kleinen Kocher am Strand heiß gemacht haben (in Meerwasser!).

Schokopudding gab's auch, aber erst zum Nachtisch. **OHNE** Algen! Und noch was. Während wir auf die Würstchen gewartet haben, hat mir Bas das fünfte Lied auf seiner Mundharmonika vorgespielt und dazu ein paar Tricks für die schwierigen Stellen der Melodie verraten. Habt ihr gewusst, dass er noch eine zweite Mundharmonika besitzt? Also ich nicht. Er hat mir seine große geschenkt und die kleine selbst behalten. So was macht nur ein **echter Freund**. Zwischen uns herrscht wieder Friede, Freude, Eierkuchen. Das war zwar mein allererster Freundschaftstag, aber dafür der allerbeste.

M·O·N·T·A·G, den 19. August

9:24 Uhr

Krakenpfleger Farid ist auf 180.

Farid: »Seit gestern stellt sie jede Menge Unfug an.«

Ich: »Wieso? Was hat sie gemacht?«

Farid:

1. »Kleine Steinchen gegen die Scheibe geworfen.
2. Ihre Höhle zum Einstürzen gebracht.
3. Andauernd versucht, den Deckel des Aquariums zu öffnen. Vielleicht wollte sie raus und nach euch suchen.«

Cheesy: »Oh, wie süß!«

Ich: »Oder sie wollte ins Meer zurück.«

Farid: »Wie dem auch sei, eure Süße hat mich ziemlich **auf Trab** gehalten.«

Ich: »Ab sofort übernehmen wir wieder!«

14:22 Uhr

Aus der Teeküche habe ich das große, leere Gurkenglas mitgenommen. Wir haben Futter hineingelegt, es ins Kraquarium gestellt und gewartet, was passiert. Erst mal nix. Als Cheesy und ich später reinkamen, hatte sich Oktosusi **ins Gurkenglas** gequetscht. Das sah aus wie

ein wirres Knäuel aus Saufnapfarmen ohne Anfang und Ende.

Cheesy: »Kann eine Krake Platzangst kriegen?«

Farid: »Absolut nicht! Es kann ihnen gar nicht eng genug werden.«

Ich: »Wie macht sie es, dass sie sich mit ihren Armen nicht **verheddert**?«

Farid: »Jeder Arm denkt für sich allein und entscheidet selbst, was und wohin er will.«

Ich: »Sollen wir mal den Deckel draufschrauben und schauen, ob sie rauskommt?«

Cheesy: »Nein!«

Ich: »Nur ganz kurz. Wir können ihn gleich wieder abmachen.«

Dann wurde Cheesy laut: »Auf keinen Fall, Rebella.«

Da war ich erst mal baff. So ernst und entschieden hatte ich Cheesy noch nie erlebt. Sie ist doch sonst für jeden Spaß zu haben. »Ist ja gut, ist ja gut. War nur so 'ne Idee.«

Cheesy: »**Strunzblöde** Idee! Du kannst doch ein Tier nicht in ein Glas einsperren, in dem es sich nicht richtig bewegen kann.«

Dann haben wir Oktosusis süßen **Eierkopf** gestreichelt. Sanft hat sie unsere Hände abgetastet. Ach, Leute, wie süß will diese Krake eigentlich noch sein? Aber irgendwie will mir nicht aus dem Kopf gehen, was Farid

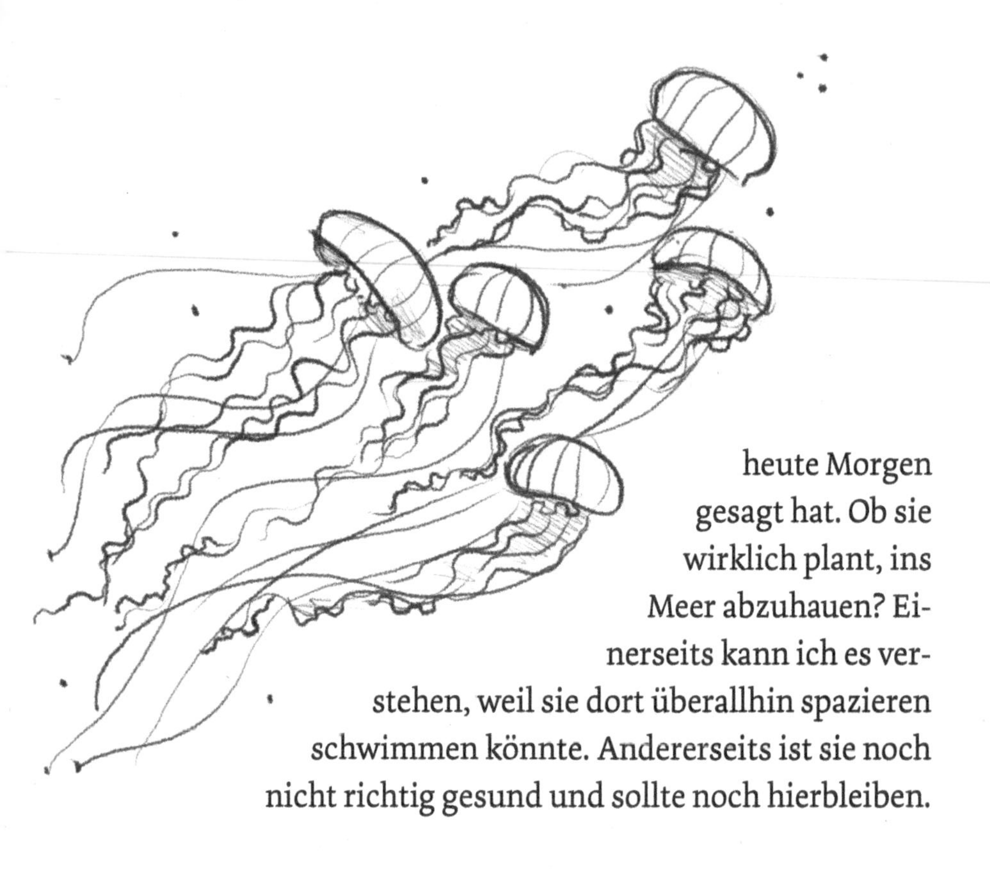

heute Morgen gesagt hat. Ob sie wirklich plant, ins Meer abzuhauen? Einerseits kann ich es verstehen, weil sie dort überallhin spazieren schwimmen könnte. Andererseits ist sie noch nicht richtig gesund und sollte noch hierbleiben.

Dienstag, den 20. AUGUST

14:33 Uhr

Wie gut, dass ich weiß, dass es für einen super-duper-wichtigen Zweck ist, sonst würde ich einfach aus der Garage verschwinden und nie wiederkommen. Wir proben nämlich gerade mit der Yachtwurst-Band. Zwar gibt sich jeder von uns große Mühe, aber zusammen hört sich unsere Musik **grauenvoll** an (vor allem meine Mundharmonika). Wenn ich allein vor mich hinspiele, klappt das viel besser. Die anderen bringen mich raus. Und das ist deshalb besonders schlimm, weil wir so bestimmt niemals das Meerestierkrankenhaus retten können. Es ist wirklich zum **Verzweifeln**.

Mittwoch, den 21. August

1:18 Uhr

Leute, ich kann nicht schlafen. Ich versuche wirklich, nicht andauernd an das Meerestierkrankenhaus zu denken, aber meine Gedanken machen einfach, was sie wollen. Außerdem überlege ich, ob Oktosusi in aller Seelenruhe den **nächsten Ausbruch** vorbereitet, während ich hier im Bett liege. Sorgen können wirklich anstrengend sein. Gähn!

6:01 Uhr

Was soll's! Ich kann eh nicht mehr schlafen. Darum kann ich auch gleich zum

Meerestierkrankenhaus rüberlatschen. Ich sollte **dringend** mal nachschauen, ob Oktosusi noch im Kraquarium ist.

6:56 Uhr

Alles okay. Oktosusi schläft noch. Das ist schon mal gut. Wer schläft, kommt nicht auf **dumme** Fluchtgedanken. Ich habe noch nie einem Oktopus beim Schlafen zugesehen. Wow! Ihr glaubt nicht, wie krass sie **schimmert und schillert.** Im Schlaf lässt sie Farblichter über ihre Haut flackern. Blitzschnell wechselt ihre Hautfarbe von weiß nach braun gesprenkelt und wieder nach weiß. **Sie träumt.** Ich glaube, dass sie gerade über einem sandigen Meeresboden spazieren schwimmt.

14:18 Uhr

Sie schläft wie ein Stein. Und sieht auch wie einer aus. 

22:31 Uhr

Okay, Leute, ich will echt nicht **uncool** rüberkommen, aber ich bin wieder einmal **zu** unruhig, um **jetzt** zu schlafen. Ich frage mich ernsthaft, was Oktosusi vorhat, wenn sie ausgeschlafen hat. Den ganzen Tag hat sie verpennt. Irgendwann wacht sie sicher auf. Was ist, wenn das mitten in der Nacht ist? Nachts ist alles ruhig im Meerestierkrankenhaus. Niemand ist da, der mit ihr spielt. Also ich an ihrer Stelle würde auf Entdeckungstour gehen wollen, vor allem, wenn ich einen flutschigen, formbaren Körper ohne Knochen hätte, der überall durchpasst. **Oh no!** Und niemand wird da sein, der sie daran **hindert**. Was mache ich denn jetzt? Na, hierbleiben jedenfalls ganz bestimmt nicht!

DONNERSTAG, den 22. August

00:04 Uhr

Ich habe gewartet, bis Oma eingeschlafen ist. Dann habe ich mir die Schlüsselkarte für die Tür des Meerestierkrankenhauses »ausgeliehen«. Ja, ich weiß selbst, dass das nicht richtig ist. Aber was soll ich denn machen?

Von der Yachtwurst zu schleichen war leicht. Ich bin fast den ganzen Weg zum Meerestierkrankenhaus **gerannt**. Und Tatsache ... als ich dort angekommen bin, war Oktosusi **hellwach**. Natürlich! Hab ich's euch nicht gesagt? Zum Glück bin ich gekommen. Einermusssiejavorsichselbstbeschützen.

1:01 Uhr

Eigentlich bin ich müde. Aber irgendwie muss ich diese Krake beschäftigen. Sie denkt überhaupt nicht dran, ein Nickerchen zu machen. In einer Schublade der Teeküche habe ich eine **Champignonbürste** gefunden, damit werde ich jetzt ihren Eierkopf kraulen. Wenn sie sich entspannt, schläft sie vielleicht bald.

Okay, bis später! Ich leg mal los mit meiner Superduper-Rebella-Krakeneierkopfmassage.

10:48 Uhr

Hallo Leute, ich bin schon wieder im Meerestierkrankenhaus, und ich war echt froh, dass Cheesy auch gekommen ist. Mit ihr macht es immer doppelt so viel Spaß, sich um Oktosusi zu kümmern: füttern, spielen, sich Rätsel für sie ausdenken und die Krake auf Trab halten, damit sie keine **Dummheiten** anstellt. Jetzt warten wir darauf, dass sie aufwacht. Aber während dieser verdammten Warterei fallen mir andauernd die Augen zu. Kein Wunder. Ich war ja schon die ganze Nacht hier. Kurz vor Morgengrauen habe ich mich zurück auf die Yachtwurst geschlichen und die Schlüsselkarte wieder in Omas Geldbeutel gesteckt. Zum Frühstück hat mich Oma geweckt. Jetzt hänge ich voll durch. Ich glaube, es ist besser, wenn ich mich in meiner Koje ein bisschen aufs Ohr haue. Ob Cheesy so lange auf Oktosusi aufpasst? Ich frag sie mal.

11:18 Uhr

Bas und Cheesy haben versprochen, sich **GEMEINSAM** um Oktosusi zu kümmern. Sie würden auch gerne mal auf der Yachtwurst schlafen. Ich kann meine Augen kaum aufhalten. Darum schreibe ich gerade schief und krumm. **HÖCHSTE ZEIT** für ein Nickerchen. Soll mich das Yachtwürstchen in den Schlaf schaukeln.

zzz

18:42 Uhr

Cheesy hat mich gerade geweckt. Mist, ich habe den ganzen Tag **verschlafen**. Ich muss sie dringend ausfragen, was im Kraquarium los war.

23:11 Uhr

Cheesy hat erzählt, dass Oktosusi geschlafen hat. Warum schläft die Krake tagsüber so viel und nachts gar nicht? **Da stimmt doch was nicht.** Irgendwie muss ich sie zum Einschlafen bringen. Aber wie macht man einen Oktopus müde? Habt ihr eine Idee?

23:22 Uhr

Es nützt nichts. Ich muss wieder los. Sobald Oma schläft, schleiche ich mich von Bord. Ich glaube, es ist besser, wenn ich nicht mit Oktosusi spiele. Das macht sie nur noch wacher, als sie eh schon ist.

23:26 Uhr

In den Schlaf streicheln? Keine Ahnung, ob das funktioniert.

23:34 Uhr

Gerade ist mir die **Mundharmonika** eingefallen. Ich werde Oktosusi was vorspielen. Es gibt nichts, was müder macht als leise, langsame, schlechte Musik. Dann hätte ich zwei Fliegen mit einer Klappe geschlagen:

1. den Oktopus schläfrig gemacht und
2. die letzten beiden Lieder für den Auftritt geübt.

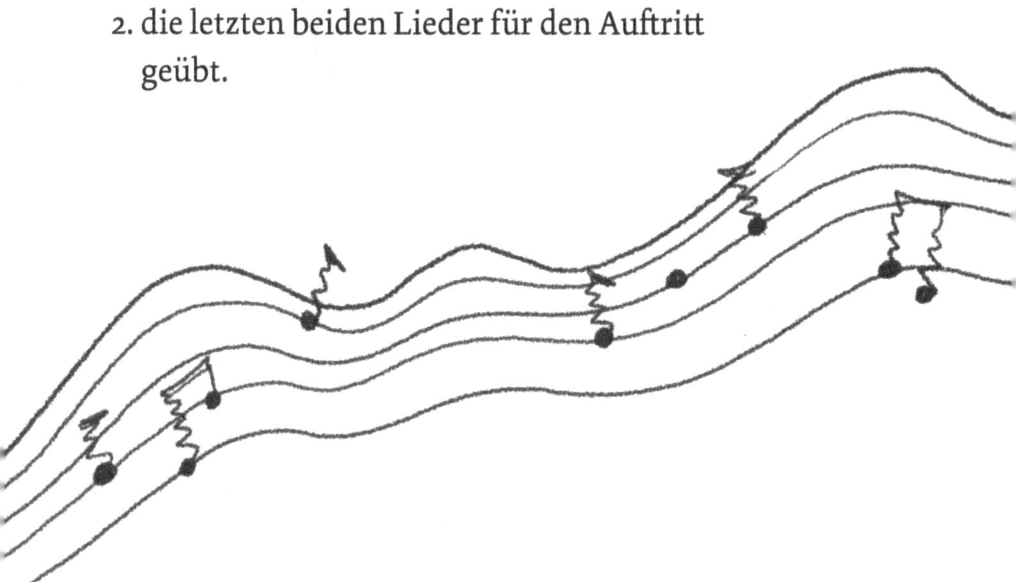

Freitag, den 23. August

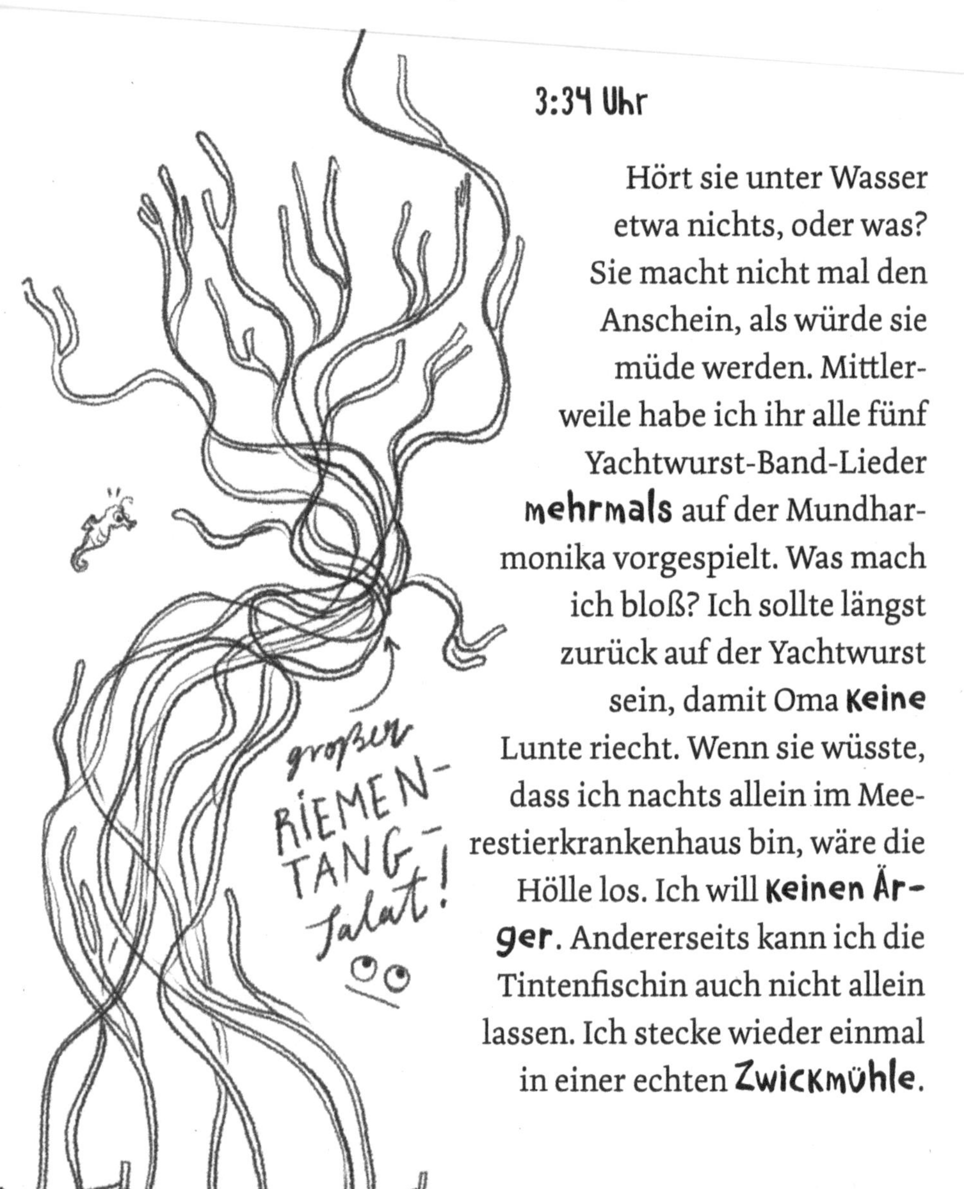

3:34 Uhr

Hört sie unter Wasser etwa nichts, oder was? Sie macht nicht mal den Anschein, als würde sie müde werden. Mittlerweile habe ich ihr alle fünf Yachtwurst-Band-Lieder **mehrmals** auf der Mundharmonika vorgespielt. Was mach ich bloß? Ich sollte längst zurück auf der Yachtwurst sein, damit Oma **keine** Lunte riecht. Wenn sie wüsste, dass ich nachts allein im Meerestierkrankenhaus bin, wäre die Hölle los. Ich will **keinen Ärger**. Andererseits kann ich die Tintenfischin auch nicht allein lassen. Ich stecke wieder einmal in einer echten **Zwickmühle**.

18:43 Uhr

Bolle, Bas und Cheesy übernachten heute auf der Yachtwurst. Einerseits freue ich mich, andererseits auch nicht. Wie soll ich unbemerkt von Bord verschwinden, wenn wir alle in **einer** Kajüte schlafen?

23:56 Uhr

Alle schlafen. Nur ich bin **hellwach**. Na ja, kein Wunder, viel habe ich heute nicht auf die Reihe gekriegt, außer ein Nickerchen zu machen und wieder Mundharmonika zu üben. Oktosusi soll ja keine Ohrenschmerzen kriegen. Und bestenfalls soll sie bei der Musik ihre Sehnsucht nach dem Meer vergessen. Ob sie zu schätzen weiß, welches Risiko ich auf mich nehme? Auf dem Meeresgrund spielt ihr sicher niemand Schlaflieder vor.

Samstag, den 24. August

00:04

Leute, ich muss los. Oktosusi wartet sicher schon auf mich. Ich bin ausgeschlafen wie ein **Wachhund**. Bis später!

Rebella
WACHHUND

3:11 Uhr

Mist, ich bin **aufgeflogen**. Gerade sitze ich im langsamen Schlurf-schlurf-Taxi, und das kam so: Als ich im Meerestier-krankenhaus ankam, war Oktosusi wach. Ich habe sie gestreichelt und ihr leise das schwierige fünfte Lied auf der Mundharmonika vorgespielt. Plötzlich sind in der Scheibe des Kraquariums die Gesichter von Oma, Bolle, Bas und Cheesy hinter mir aufgetaucht.

Ich: »Was wollt ihr denn hier?«

Oma: »Dasselbe könnten wir dich fragen.«

Und dann habe ich alles zugegeben:

1. dass ich die letzten Nächte hier bei Oktosusi war und
2. dass ich ihr helfen wollte einzuschlafen.

Oma: »Das darfst du **nie wieder** tun. Ich habe mir schreckliche Sorgen gemacht. Als ich aufgewacht bin, waren alle Algenfarmer in ihren Betten, nur du nicht.«

Cheesy: »Das war vielleicht ein Schreck. Bas kam auf die Idee, im Meerestierkrankenhaus nach dir zu suchen.«

Oma: »Als ich die Schlüsselkarte im Geldbeutel nicht finden konnte, haben wir uns sofort auf den Weg gemacht.«

Ich: »Tut mir leid, Oma. Aber ich habe mir auch Sorgen gemacht, und zwar um Oktosusi. Kannst du das verstehen? Ich wollte ihr doch nur beim Einschlafen helfen, damit sie nicht abhaut.«

Oma: »Oktosusi ist ein **nachtaktives** Tier. Kraken schlafen tagsüber und sind nachts wach. Das ist ganz normal für sie.«

Ich: »Echt? Aber am Anfang hat sie doch tagsüber mit uns gespielt!«

Oma: »Ja, aber nur, weil alles neu und aufregend für sie war.«

Bas: »Ach, Sprotte, was machst du nur für Sachen? Na, wenigstens hast du **Mundharmonika** geübt.« Er grinste und nahm mich in den Arm. Von der Seite drückte mir Oma einen Kuss aufs Ohr. Ungefähr tausend Mal musste ich ihr versprechen, dass ich mich nicht mehr davonschleiche. Dann haben wir uns alle in dieses Taxi reingequetscht.

Ich: »War nicht richtig, deine Schlüsselkarte einfach so zu nehmen, ohne zu fragen.«

Sie hat den Arm um mich gelegt und seither nicht mehr losgelassen. Ich habe die liebste Oma der **Welt**.

14:37 Uhr

So spät wie heute habe ich noch nie gefrühstückt. Weil wir erst in die Koje kamen, als es schon hell wurde, haben wir lange ausgeschlafen. Aber das Tollste war, zusammen aufzuwachen, eben wie eine echte Yachtwurst-Familie. Nachher wollten wir proben, bis jedes Lied sitzt. Wegen Oktosusi habe ich so viel geübt, dass ich mich gut vorbereitet fühle.

20:01 Uhr

Draußen ist es zwar noch hell, aber ich bin jetzt schon **seehundemüde**.

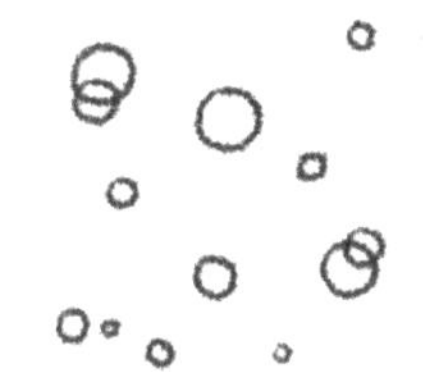

Die Probe verlief eigentlich ganz gut. Mittlerweile glaube ich sogar, dass den Leuten auf dem Markt unsere Musik gefallen könnte. Aber zwischendurch bin ich mal eingenickt. Das war mir meeegapeinlich. Darum sage ich für heute: GUTE NACHT, LEUTE!

Sonntag, den 25. AUGUST

8:04 Uhr

Ach du Schande! Das Kraquarium ist leer und **Oktosusi weg**. Ich könnte durchdrehen vor Sorge. Da war ich eine Nacht mal nicht da, um nach dem Rechten zu sehen, und dann so was! Keine Ahnung, wo ich zuerst suchen soll.

12:01 Uhr

Cheesy, Bas, ich, Oma und Farid haben alles abgesucht. In jeder Ritze, **jeder Spalte** und **jeder Öffnung** haben wir nachgeschaut, sogar in den Abflüssen. Und das war **richtig** eklig. Vielleicht steckt sie irgendwo fest und kommt nicht raus. Es ist **zum Verrücktwerden**. Die Zeit läuft

uns davon. Wer weiß, wie lange sie schon ohne Wasser ist. Ohne Meerwasser kann sie nicht lange überleben. Ich lasse nicht zu, dass ihr was passiert. Darum drücke ich jetzt den roten **Alarmknopf**.

12:48 Uhr

Wenn der Alarm im Meerestierkrankenhaus losgeht, flitzen alle herbei, **um zu helfen**. Ich bin auf die schwarze Sitzbank gesprungen und habe die versammelte Mannschaft gebeten: »Bitte helft uns bei der Suche nach Oktosusi! Uns sind die Ideen ausgegangen, wo sie noch sein könnte.« Sofort sind alle losgerannt. Einer wird sie aufstöbern. Einer muss sie einfach finden. Bitte, bitte, lass sie gefunden werden. **Bitte!**

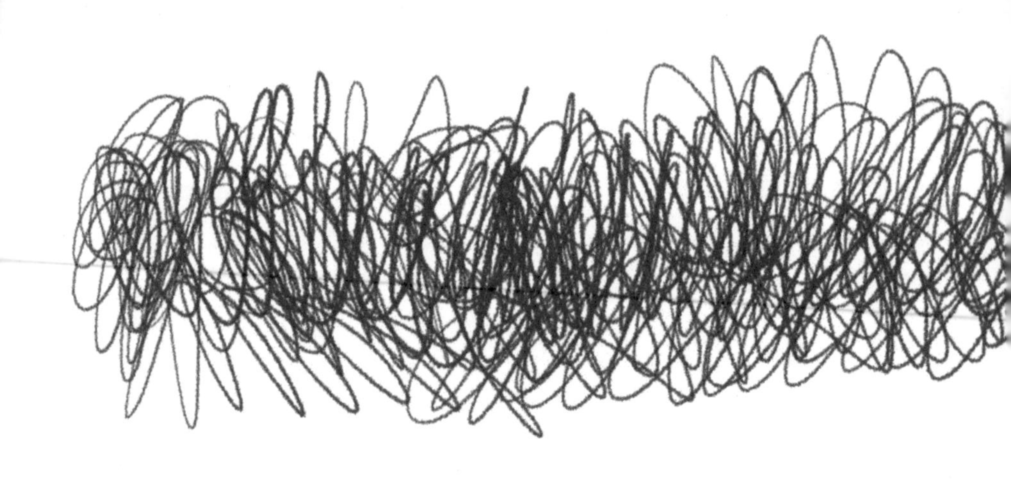

18:33 Uhr

Noch immer keine Spur von Oktosusi.

21:07 Uhr

Wir sitzen in der **Teeküche** – total verzweifelt. Oktosusi ist immer noch nicht aufgetaucht. Ich bin kurz vorm Heulen. Inzwischen hoffen wir, dass sie es irgendwie **ins Meer** geschafft hat. Wir sind so traurig, dass wir nichts sagen können. Cheesy stützt ihren Kopf in die Hand und starrt auf den Fußboden. Zur Beruhigung hat Oma Wasser für einen Pfefferminztee aufgesetzt. Ich sag euch

eins: Ein Meerestier zu verlieren fühlt sich **oberhöllisch schlimm** an.

22:43 Uhr

Leute, ich bin zwar total fertig mit den Nerven. Aber es gibt eine gute Nachricht: **Wir haben sie**. Aber jetzt eins nach dem anderen.

1. Ich sollte Oma die leere Teekanne für den Pfefferminztee rüberschieben. Ging nicht. Weil sie so schwer war.
2. Sofort habe ich reingeschaut.

3. Drinnen saß ein wirres Knäuel aus Saugnapfarmen,

das zur Begrüßung einen seiner Arme durch die Tülle schlängelte.

4. Ich: Freudenschrei!
5. Cheesy und Oma: doppelter Freudenschrei!
6. Ich habe die Teekanne geschnappt und sofort im Kraquarium versenkt.
7. Oktosusi geht's gut. Sie war aber ziemlich erschöpft nach ihrem Ausflug.
8. Oma hat Entwarnung über die Lautsprecheranlage gegeben.

Nur gut, dass Oktosusi nicht im Wasserkessel gesessen hat. Dort wäre sie ziemlich ins **Schwitzen** gekommen.

Farid hat das Kraquarium jetzt doppelt und dreifach **ausbruchsicher** gemacht. Mensch, ich bin heilfroh, dass alles gut ausgegangen ist.

MONTAG, den 26. AUGUST

7:18 Uhr

Gestern Abend auf dem Nachhauseweg wollte ich noch von Oma wissen: »Wie lange hätte Oktosusi **überleben** können?«

Oma: Na ja, es kommt darauf an. Auf jeden Fall war es sehr klug von ihr, in die enge Teekanne zu kriechen. Darin hat sie sich mit ihrer nassen Haut ein feuchtes Klima geschaffen. Wahrscheinlich hat das geholfen, nicht auszutrocknen. Aber ein kleines **Wunder** ist es trotzdem, dass ihr nichts passiert ist.«

Dann meinte Oma, dass es für alle sicherer sei, Oktosusi auf die Algenfarm umzusiedeln, bevor sie noch mal ausbüxt.

Woher hat sie nur immer diese **genialen** Ideen?

Amanda: »Guten Morgen, zusammen! Ich habe frische Brötchen mitgebracht.« Sie hielt die Tüte hoch. »Ihr seht aber müde aus. Alles okay?«

Ich: »Amanda, vergiss mal kurz die Semmeln. Es gibt was **Wichtiges** zu besprechen: Dürfen wir Oktosusi auf die Farm umsiedeln?«

Amanda: »Natürlich, meinetwegen kann sie gern einziehen.«

Cheesy: »Aber wo soll sie denn schlafen? Auf der Farm gibt's keine Höhle.«

Oma hob den Finger. »Wir können ein paar Blumentöpfe aus Ton zwischen den Algen aufstellen.«

Cheesy: »Aber was ist, wenn sie einfach wegschwimmt?«

Ich: »Dann wäre sie ja schön blöd. Besser als bei uns hat sie es **nirgends**.«

Cheesy: »Du könntest sogar von deinem Panoramafenster aus nach ihr sehen.«

Hmmm ... Der Gedanke, morgens aufzuwachen und einen Blick auf Oktosusi zu werfen, gefällt mir. Der süße Eierkopf und ich werden für den Rest der Ferien **Nachbarinnen** sein. »Geritzt, Leute. So machen wir das.«

15:43 Uhr

Blumentöpfe hatte Amanda noch im Schuppen. Die haben Bolle, Cheesy und ich in verschiedenen Beeten bis zur Hälfte in den Meeresboden eingegraben, damit sie nicht wegtreiben. Zwei habe ich an Stellen platziert, die ich vom Panoramafenster aus sehen kann. ☺ Eigentlich wollten wir, dass Oktosusi **heute** schon umzieht. Aber wegen Bolle haben wir das auf morgen Abend verschoben. Er möchte gern dabei sein und kann heute nicht. Pssst ... ich schreibe euch hier mal was im Flüsterton hin.

Denn es gibt böllische Neuigkeiten. Heute Abend geht er mit seiner Mama und ihrem neuen Freund eine Pizza essen. Dazu kann ich nur sagen: Eine Wunschmuschel zu haben ist nicht so verkehrt.

18:12 Uhr

Oma: »Ich mach mich ans Kochen!«

Ich: »Nö, Oma, ich will heute Abend keine Meeresspaghetti. Und wenn du dich auf den **Kopf** stellst, esse ich keine. Sie hängen mir zum Hals raus.« Cheesy: »Komm doch mit zu mir und zeig mir, wie man Kässpatzen macht. Du kannst bei mir schlafen. Meine Mama kocht uns bestimmt Chai zum Frühstück.«

Ich: »Au ja! Ich liebe Chai.«

Und für Kässpatzen tue ich sowieso **alles!**

Oma: »Ist mir auch recht. Dann kann ich mir endlich eine Riesenschüssel Queller-Algen-Schlemmer-Salat machen und muss sie mit niemandem teilen. Hmmm ... leckerschmecker! Wenn ich daran denke, läuft mir das Wasser im Mund zusammen.«

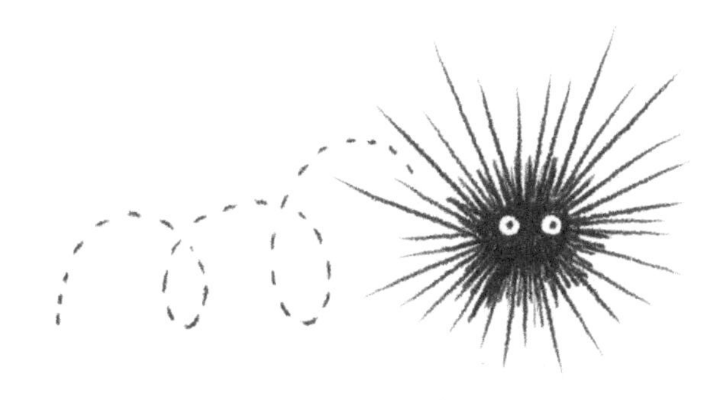

Dienstag, den 27. August

6:56 Uhr

Bei Cheesy zu bleiben ist etwas ganz **Besonderes**. Ich habe noch nie allein bei einer Freundin übernachtet.

Sobald Cheesy wach ist, gehen wir rüber ins Meerestierkrankenhaus. Heute ist Oktosusis großer Umzugstag.

11:00 Uhr

Bas und Oma sind kurz mit Käpt'n Frieso unterwegs, denn heute zieht nicht nur der kleine Eierkopf um. Auch das **Glattrochenfräulein** wird freigelassen, und das machen die drei gerade. Bevor es losging, habe ich Bas angemerkt, dass ihm das schwerfiel. Traurig hat er gesagt: »Aber es muss sein. Das wissen wir doch beide, Sprotte.«

17:22 Uhr

Mittlerweile bin ich allein auf der Yachtwurst und liege in der Hängematte. Oma ist **immer noch nicht** zurück. Die Yachtwursttür ist abgeschlossen. Zum Glück hängen mein Badeanzug und das Handtuch noch von gestern auf der Leine. Ich laufe noch mal schnell zum Meerestierkrankenhaus, um nachzuschauen, wo Oma so lange bleibt. Sie hat bestimmt vergessen, dass ich nicht reinkann. Ich hole mir den Schlüssel.

21:39 Uhr

Haltet euch fest! Ihr glaubt nicht, was passiert ist. Auf der Knutschkugel lief etwas ziemlich **schief**. Offenbar hatte sich ein Geisternetz an der äußeren Schleusentür verheddert und sie verklemmt. Darum konnte Käpt'n Frieso sie nicht öffnen, um den Glattrochen freizulassen. Das Netz konnten sie unter Wasser aber nicht sehen. Zum Glück hat Oma immer eine Schere in der Handtasche. Sie sind kurz aufgetaucht, und Oma hat mit der Schere das Wirrwarr abgeschnitten, damit das Glattrochenfräulein ins Meer schwimmen konnte. Aber dann ist es passiert: Der untere Teil der Knutschkugel lag ja noch im Wasser, und in einem hektischen Moment ist Omas Handtasche **über Bord** gefallen. Oma ist immer noch total aufgeregt.

Die Tasche ist abgesoffen und mit ihr die Schlüsselkarte für das Meerestierkrankenhaus, Handy, Geldbeutel, Lesebrille und – Achtung! Jetzt kommt's – der einzige Haustürschlüssel der Yachtwurst. Er liegt jetzt auf dem Meeresgrund. Und was nun? Also am Strand schlafe ich bestimmt nicht. Mit dem Vorschlag braucht Oma gar nicht erst um die Ecke zu kommen. Nach all dem Stress haben wir gemeinsam beschlossen, dass wir Oktosusi lieber morgen zur Farm bringen. Käpt'n Frieso wollte erst noch einmal die Schleusentür kontrollieren. Sicherheit geht vor.

23:06 Uhr

Leute, ich darf noch mal bei Cheesy schlafen.

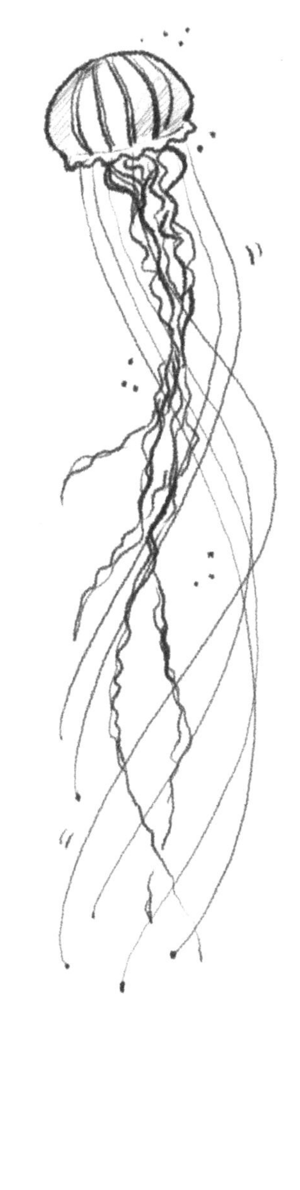

Mittwoch, den 28. August

9:48 Uhr

Okay. Die Schleusentür funktioniert einwandfrei. Alle sitzen in der **Knutschkugel**. Käpt'n Frieso steuert uns zur Algenfarm. Oktosusi schwimmt bereits vergnügt in der Schleusenkammer und wartet gespannt auf ihren großen Moment der Freiheit. Wenn wir am klapprigen Holzsteg angekommen sind, darf ich die Schleusentür öffnen. Hoffentlich verkacke ich es nicht.

14:06 Uhr

Oktosusi ist **rausgeschwommen**. Als wir wieder oben waren, bin ich ausgestiegen, so schnell ich konnte, um die Schnorchelausrüstung von

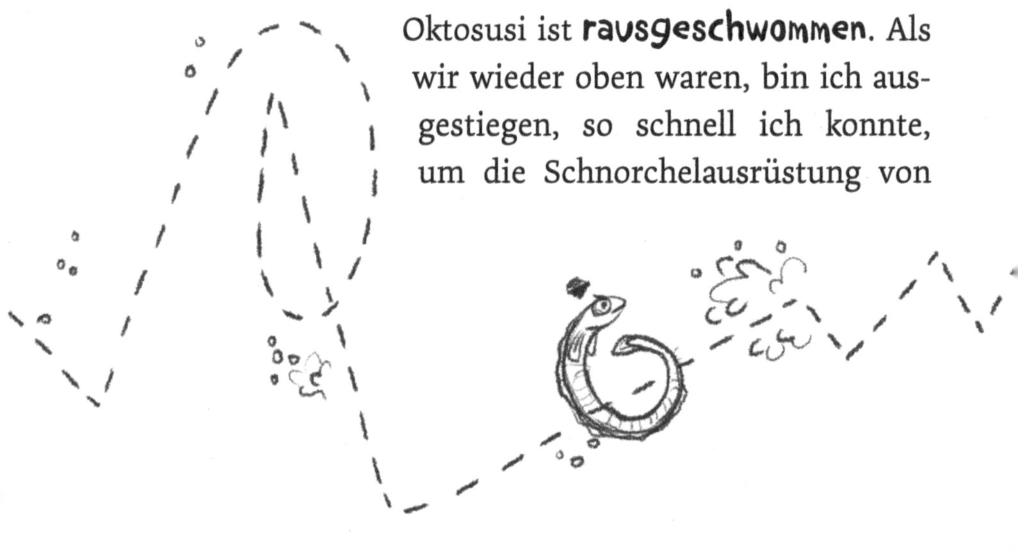

der Yachtwurst zu holen. Ich wollte Oktosusi die Tontöpfe zeigen, damit sie sich auf der Farm gleich zu Hause fühlt und keine Lust hat, ins offene Meer zu schwimmen. Doch ich habe total vergessen, dass ich nicht an meine **Schnorchelsachen** komme, weil die Tür der Yachtwurst ja immer noch verschlossen ist. So ein Mist! Käpt'n Frieso hat versprochen, sich zusammen mit Bas sofort um ein neues Türschloss zu kümmern. Hoffentlich türmt Oktosusi bis dahin nicht über alle Wellenberge.

22:38 Uhr

Käpt'n Frieso und Bas haben das neue Schloss eingebaut, aber jetzt ist es schon zu **dunkel**, um nach meinem süßen Eierkopf zu suchen.

Donnerstag, den 29. August

6:22 Uhr

Frühstück fällt aus. Zuerst mache ich mich auf die Suche nach der **Tintenfischin**.

9:04 Uhr

Jippie-Jey! Cheesy hat sie gefunden. Sie schläft gut versteckt in dem Blumentopf im Riementangwald.

Drum herum hat sie die Reste leerer Krebsschalen hinterlassen. Offensichtlich hat sie sich gestern Abend noch ein **Festessen** gegönnt. Ich bin überglücklich und sitze jetzt in eine Wolldecke gewickelt beim Frühstück. Vor lauter Glück esse ich sogar Quellersalat.

12:18 Uhr

Oktosusi hat Bas sofort wiedererkannt. Er war vorhin nämlich mit im Wasser. Als er mit seiner Hand ein C geformt hat, kam sie angerast und hat ihren Kopf hineingesteckt. **Echt süß!** Danach ist sie mit uns über die Algenfarm geschwommen.

20:53 Uhr

Bas hat uns heute Nachmittag daran erinnert, dass wir unbedingt noch für unseren **Auftritt** proben müssen. 🤪 Der ist nämlich schon morgen. Das hatte ich gar nicht mehr auf dem Schirm. Natürlich habe ich mitgemacht – auch wenn ich statt der Mundharmonika viel lieber mit meiner neuen Nachbarin gespielt hätte.

Freitag, den 30. August

7:06 Uhr

Och nö! Heute stehe ich **nicht** auf. Ich habe Schiss vor dem Auftritt. Was ist, wenn ich mich verspiele? Ich bleibe einfach hier im Bett und tue so, als ob ich schlafe. Vielleicht ziehen sie es dann alleine durch.

8:12 Uhr

Sie wummern gegen meine Kajütentür. Sicherheitshalber hab ich sie **abgeschlossen**.

8:41 Uhr

Ich habe auf dem Rücken in meiner Koje gelegen und mir die Ohren zugehalten. **Keinen Muckser** habe ich gemacht. Leider konnte ich sie dafür aber nur zu gut hören. Cheesy war so sauer, dass sie durch die Tür geschrien hat: »Wenn du uns mit der Band hängen lässt, sprechen wir kein Wort mehr mit dir. Und zwar keiner von uns!«

Als Bolle rief: »Rebella, die Tiere im Meerestierkrankenhaus brauchen uns!«, habe ich dann **doch** aufgemacht.

9:10 Uhr

Frühstück. Dieser giftgrüne Algensalat! Da kriegt man ja Augenzucken. **Ich bekomme nichts runter**, auch wenn schwarzer Sesam drin ist, den ich eigentlich mag. Ich bin total aufgeregt. Wie können Bas, Bolle und Cheesy nur so gut gelaunt sein und kichern? Denen wird das Lachen schon noch vergehen, wenn das Publikum nachher mit Steinen auf uns wirft, weil wir falsch spielen. Mensch, hätte ich doch bloß mehr geübt. Mist, wir müssen los. Ich schreibe euch nachher, wie es war, **falls** ich den Auftritt überlebe.

9:51 Uhr

Ich musste noch mal zurückkommen: Mundharmonika vergessen. Haut rein! Und wenn wir uns in diesem Leben nicht mehr sehen: Alles *Gute* für euch.

12:24 Uhr

Als ich Amanda auf dem Markt gesehen habe, wie sie die Algen verkauft hat, habe ich mich etwas besser gefühlt. Bolle und Bas haben das Plakat für die **Futterspende** neben uns aufgestellt. Bolle ist mit einem leeren Eimer herumgegangen und hat ein paar Marktbesucher gefragt, ob sie was spenden würden. Und wisst ihr was? Das haben sie glatt gemacht.

Und dann haben wir uns aufgestellt, genau so, wie wir es in der Garage geübt hatten. Der Moment, bevor man losspielt, ist der **allerschlimmste**. Da haben mir die Knie geschlottert, als wären sie Zittergrashalme. Mir ist auch gleich am Anfang ein falscher Ton rausgerutscht. Shitty. Aber dann …

Dann kam das Allerbeste: meine **OMA**. Sie steuerte direkt auf uns zu, stellte sich neben mich und sang mit Cheesy: »He, ho, wir sind Piraten.« Als sie mir zugelächelt hat, war meine Angst verflogen. Wenn meine Oma bei mir ist, **kann ich einfach alles** – sogar Musik machen.

Einige Kinder, die mit ihren Eltern auf dem Markt waren, haben mitgesungen. Zwischendrin musste ich sogar mal kurz **lachen**, weil Bolle sich überall Eimer ausgeliehen hat. Bei den vielen Futterspenden, die zusammengekommen sind, hat nämlich einer nicht ausgereicht. Am Ende haben wir uns verneigt.

Später kam der **Schreihals** zu mir. Es hat ihm gut gefallen, wie ich Mundharmonika gespielt habe. Dafür durfte ich mir etwas von seinem Fischstand aussuchen. Um ein paar **Shrimps** habe ich gebeten ... dreimal dürft ihr raten, für wen.

18:30 Uhr

Oma ist in meine Kajüte gekommen und hat sich bei mir bedankt, dass ich mich **getraut** habe, vor so vielen fremden Leuten zu spielen. Das hat mich gefreut. Die Futterspenden reichen nun wieder für eine Weile.

Ich: »Wie lange ist eine Weile?«

Oma: »Schwer zu sagen. Das hängt vom Hunger jedes einzelnen Patienten ab. Je besser es ihnen geht, desto mehr Appetit haben sie.«

Ich: »Aha, dann müssen wir also weitermachen.«

Oma: »Das wäre **großartig**. Wer weiß, vielleicht tut sich noch etwas auf, womit wir bisher nicht gerechnet haben. Kommt Zeit, kommt Rat.«

Montag, den 2. SEPTEMBER

13:22 Uhr

Sorry, Leute, aber am Wochenende hatte mein Tagebuch frei. **Faulenzen** muss auch sein. Außerdem haben wir Oktosusi oft besucht. Mittlerweile hat sie in jedem Blumentopf probegewohnt. Bolle, Bas, Cheesy und ich haben **Schiffe versenken** gespielt. Ihr wisst schon. Das ist das Spiel, das man mit Zettel und Stift spielt. Auf dem Zettel malt man ein Gitter, in das jeder fünf Kreuze machen darf. Die anderen müssen erraten, wo die Kreuze sind. Wenn man sie gefunden hat, ruft man ganz laut: »Treffer! Schiff versenkt!« Einmal hat Bas die Flotte von Bolle auf Anhieb entdeckt. Vor Freude hat er dermaßen in der Hängematte herumgezappelt, dass sie runtergekracht ist. Wir haben wie verrückt gelacht, weil Bas so ein ulkiges Gesicht gemacht hat. Nachdem er die Matte wieder festgebunden hatte, haben Cheesy und ich uns reingelegt und geprüft, ob sie uns aushält. Dort sind wir dann geblieben. War kein Problem! Die Jungs haben uns hin- und hergeschaukelt. Das war süß von ihnen.

21:20 Uhr

Im Bett schreibt es sich am allerbesten, weil hier **alle schönen Gedanken aufeinandertreffen**. Über mir scheint die Leselampe, um mich herum schaukelt das Yachtwürstchen, nicht weit weg macht es sich meine Oktopusnachbarin in einem Blumentopf gemütlich, und neben mir steht Oma mit einer heißen Schokolade. (Obwohl ich meine Zähne schon geputzt habe!) Trotzdem geht mir nicht aus dem Kopf, was Bas heute beim Abendessen gesagt hat. Nämlich, dass nichts im Meer sein darf, was da nicht reingehört. Auch nicht Omas Handtasche. Recht hat er. Tja, und jetzt? Wie kriegen wir sie vom Meeresgrund hoch?

Dienstag, den 3. September

10:12 Uhr

Nach dem Baden hatte Cheesy die Idee, Oktosusi wegen der Tasche um **Hilfe** zu bitten.

Ich: »Hä, wie soll das gehen?«

Cheesy: »Sie hat uns doch den Teelöffel gebracht. Wir könnten mit einer Tasche üben. Vielleicht klappt es. Oder hast du eine bessere Idee?«

Ich: »Nee, gerade nicht. Aber tagsüber schläft sie.«

Cheesy: »Lass es uns heute Abend mal versuchen.«

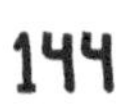

19:22 Uhr

Zum Üben haben wir ein **Einkaufsnetz** genommen. Aber irgendwie findet sie die Tasche nicht spannend genug. Morgen wollen wir Shrimps an die Henkel binden. Mal sehen, ob sie ihre Meinung ändert. Oma meinte, klug genug wäre Oktosusi auf jeden Fall, sie müsse es nur wollen.

MITTWOCH, DEN 4. SEPTEMBER

14:13 Uhr

Nee, das wird nichts. Oktosusi hat mit der Tasche nichts am Hut. **Null**. Aber ich möchte sie auf keinen Fall zu etwas zwingen, was sie nicht will. Wie hat Oma neulich gesagt? Kommt Zeit, kommt Rat.

Heute ist schon Mittwoch. Schade. Die Ferien gehen rasend schnell vorbei. Sommer, Sonne und Sandstrand. Mehr braucht man nicht, um sich aufzuwärmen. Cheesy ist neben mir eingepennt. Aber ich schaue den Möwen zu, wie sie auf dem Wasser landen. Glitzerlichter tanzen auf den Wellen. Die kanalaK ist schön.

Gäääähn …

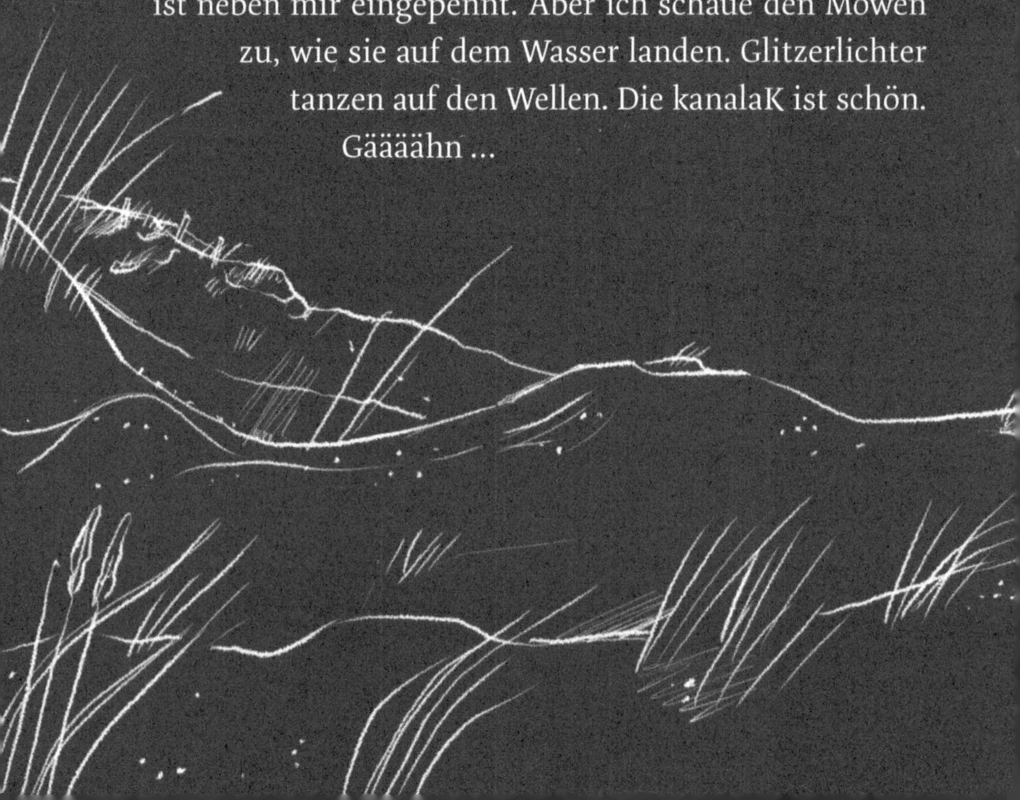

21:52 Uhr

Lampionabend. An Deck der Yachtwurst haben wir bunte Papierlaternen aufgehängt. In der Dunkelheit und vom Steg aus sieht die Yachtwurst megagemütlich aus. Bolles Mama und ihr Freund sind am Strand entlangspaziert und haben Bolle abgeholt. Der Freund heißt Henning und arbeitet als Taucher im Hafen. Er untersucht die Schiffsrümpfe unter Wasser. Ich glaube, auf die Wunschmuschel ist echt Verlass.

DONNERSTAG, den 5. SEPTEMBER

10:47 Uhr

Im Algengarten mit Bas und Cheesy spazieren zu schnorcheln macht Riesenspaß. Zumal Oktosusi uns bei der Algenernte andauernd in die Quere geschwommen ist. Durch den Schnorchel zu lachen ist witzig. Oktosusi war **überall** dabei. Sogar als Cheesy nur kurz über die Seegraswiese patrouilliert ist, um zu schauen, ob bei den Fischschulen alles okay ist. Gleich brechen wir zur Garage auf. Wir wollen morgen noch einmal gemeinsam mit der Yachtwurst-Band auf dem Markt auftreten für einen Futtervorrat, den Oma im Kühlhaus für schlechte Zeiten tiefgefrieren will.

15:16 Uhr

Heute hatten wir wirklich allerbestes **Ferienwetter**. Einfach herrlich! Genau dafür bin ich hergekommen. Strahlender Sonnenschein fiel auf das dunkelblaue Meereswasser. Weiße Möwen schaukelten in den Wellen. Sie schauten uns bei der Arbeit auf der Algenfarm zu. Überall flimmerten rote Algen neben grünen. Toll, diese Farben! Danach haben wir am

Strand die **größte Sandburg aller Zeiten** gebaut. Es war eine ganze Stadt aus Sand mit Pommesbuden und einer Gummibärchenfabrik. Übrigens hat Bolle die Kleckerburg erfunden. Dafür hat er sehr flüssigen Sand langsam auf ein und dieselbe Stelle tropfen lassen. Das Wasser ist versickert, der Sand hat sich aufgetürmt – und fertig war die Kleckerburg.

FREITAG, DEN 6. SEPTEMBER

6:32 Uhr

Meine Ferien in Wellenstadt sind fast zu Ende. Wie traurig! Warum muss die schöne Zeit immer so schnell vorbeigehen und die doofe dagegen schneckenlangsam? Das ist doch ungerecht! Heute ist mein letzter Markttag. Ich könnte es hier noch locker zwei Wöchelchen aushalten. Warum dauern die Sommerferien nicht so lange, wie ich will? Wann kümmert sich endlich mal jemand um das, was wir Kinder wirklich brauchen?

14:03 Uhr

Auf dem Markt haben die Menschen geklatscht, weil sie unsere Musik mochten. Es sind jede Menge Futterspenden zusammengekommen. Bas' Papa hat den Direktor der Fischfabrik zu uns gebracht. Der hatte eine tolle Nachricht für uns. Er hat nämlich schon unser erstes Konzert gesehen und sich daraufhin was überlegt. Zukünftig hilft die Fischfabrik dem Meerestierkrankenhaus jeden Tag mit einer Futterspende, die für alle kranken Meerestiere reicht. Oma war total gerührt. Daraufhin hat der Bürgermeister noch verkündet, dass in Zukunft ganz Wellenstadt mithilft, damit das Meerestierkrankenhaus geöffnet bleibt.

Hurraaaaaa! Leute, wir haben es geschafft. Was sagt ihr jetzt? Fantastisch, oder?

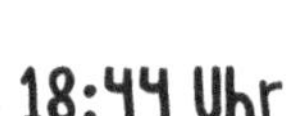

Der Käpt'n ist gerade auf die Yachtwurst gekommen. Eine Überraschung liegt in der Luft: meine Abschiedsparty. Morgen geht's nach Hause zurück. Ich bin traurig. Streng genommen möchte ich gar keine **Abschiedsparty**, sondern noch hierbleiben. Aber das geht nicht, weil in drei Tagen das neue Schuljahr beginnt. Zwar bin ich höllisch traurig, aber draußen riecht es lecker nach **Grillwürsten**. Ich geh mal gucken.

23:12 Uhr

Meine letzte Nacht an Bord der Yachtwurst. Ich liege in der Koje und denke über den schönen Abend nach, der noch mal richtig aufregend wurde. Zuerst hat der Käpt'n superleckere Sachen für uns alle gegrillt: Würstchen und Hamburger. Und in das Kräuterbaguette könnte ich mich reinlegen. Ich habe mich bedankt, und er hat mich auf seinen Schultern zum Strand getragen und gesagt, dass ich im neuen Schuljahr weder meine Freunde von der kanalaK noch das Meer vergessen soll. Aber dann kam das Beste. Oma übergab mir ein Abschiedsgeschenk. Ich habe es sehr vorsichtig geöffnet, damit das Papier nicht kaputtgeht und ich später lesen kann, was meine kanalaK-Freunde draufgeschrieben haben. Drinnen befand sich ein kleines Kästchen aus Holz. Und als ich es aufgeklappt habe, lag der alte Haustürschlüssel der Yachtwurst darin. Das hat mich fast aus den Latschen gehauen.

Ich: »Nanu, wo kommt der denn plötzlich her?«

Oma: »Frag Bolle.«

Bolle grinste über das ganze Gesicht. »Henning hat Omas Tasche vom Meeresgrund geborgen.«

Ich: »Echt jetzt? Das ist aber nett von ihm!«

Bolle: »Hat er gern gemacht. Ich durfte zuschauen. Wenn ich möchte, zeigt er mir mal, wie das mit dem Tauchen geht.«

Bolles Augen haben gefunkelt wie Sterne.

Tja, wer hätte das gedacht? Diese **Wunschmuschel** hat sich echt ausgezahlt. Andere haben hin und wieder auch ganz **brauchbare** Ideen. Das muss ich schon zugeben. Auch wenn ich am liebsten selbst die besten habe.

SAMSTAG, den 7. September

6:05 Uhr

Ihr glaubt doch nicht **im Ernst**, dass ich mich vom Acker mache, ohne mich von Oktosusi zu verabschieden! Auch wenn dieser zuckersüße Tintenspritzbeutel vielleicht noch schläft, werde ich ihr Tschüss sagen.

7:12 Uhr

Gibt es etwas **Niedlicheres** als den Anblick eines zusammengekringelten Oktopus, der in einem Blumentopf schläft? Bevor ich zu Oktosusi abgetaucht bin, habe ich ganz tief Luft geholt, damit ich so lange wie möglich unten bleiben kann. Sacht habe ich über ihren Kopf gestreichelt, damit sie nicht aufwacht. Sie fühlte sich **seidenweich** an.

Wie gern hätte ich mit meinem Handy ein Foto geschossen, nur so zur Erinnerung. Okay, vielleicht auch, um meinen Klassenkameraden zu zeigen, wie süß meine neue Freundin ist. Niemand, absolut niemand, den ich kenne, ist mit einem Oktopusmädchen befreundet. Als mir die Luft ausgegangen ist, musste ich auftauchen.

Wie schade, dass Menschen unter Wasser nicht atmen können. »Tschüss, Oktosusi. Vielleicht sehen wir uns in den nächsten Sommerferien wieder.«

12:24 Uhr

Nun sitze ich schon eine ganze Weile im Zug. Ich war zu traurig, um früher ins Tagebuch zu schreiben. Abschiednehmen ist echt **übel** und **überhaupt nicht** mein Ding. Wenn ich daran denke, könnte ich schon wieder losheulen. Cheesy ist daran schuld. Nachdem ich jeden auf dem Bahnhof umarmt hatte, bin ich in den Zug gestiegen. Vom Fensterplatz aus habe ich allen noch einmal gewunken. Dann habe ich gegen die Scheibe gehaucht und angefangen, mit dem Zeigefinger von innen langsam ein Herz an die Scheibe zu malen. Daraufhin hat sich Cheesy von Käpt'n Frieso hochheben lassen und ist mit ihrem Finger meinem von außen gefolgt. Ohne Vorwarnung sind mir die Tränen in die Augen geschossen und Cheesy auch. Und weil Cheesy geweint hat, konnte ich gar nicht mehr **aufhören**. Zum Glück hatten wir vorher am Bahnsteig schon etwas abgemacht:

Ich: »Ich komme so schnell wie möglich wieder.«

Cheesy hat genickt, dass die Knotenzöpfe wackelten.

Oma: »Ja, wie wär's in den Herbstferien? Die beginnen schon in ein paar Wochen.«

Ich: »Oh ja! Das wäre schön.«

Woher, zum Teufel, kriegt Oma bloß immer all diese tollen Ideen? Da könnte man glatt neidisch werden. Aber egal, ich kann es kaum **erwarten**. Und wenn ich jetzt daran denke, wie schnell ich wieder an der kanalaK sein werde, bin ich gleich etwas besser gelaunt. Pffff ... die kurze Zeit bis zu den Herbstferien sitze ich locker ab. Schwuppdiwupp sitze ich wieder im Zug, der mich zu Oma und meinen Freunden bringt. Okay, dann werde ich jetzt mal sehen, ob ich mir eine Cola aus dem Bordrestaurant besorgen kann.

Also, bis denne!

MUSCHELGESCHICHTEN ERZÄHLEN

Erzähl mir eine Geschichte! Kein Problem – wir bemalen Muscheln mit kleinen Motiven, und schon entstehen wunderbare Muschelgeschichten, und der Erzählstoff geht uns nie aus. Dafür wird nicht viel gebraucht. Ein paar Muscheln, Stifte und Lust und Laune zum Basteln und Erzählen. Lasst eurer Fantasie freien Lauf. Denkt euch was aus. Wird es eine gruselige Geschichte, eine Geschichte über einen warmen Sommertag oder eine Geschichte über verrückte Erlebnisse? Erzählt eure eigenen Geschichten, unsere Muscheln helfen dabei.

Das brauchst du:

- Muscheln
- Acrylstifte
- ein kleines Beutelchen zum Aufbewahren und Auslosen
- Materialien zum Basteln von Muschelgeschichten

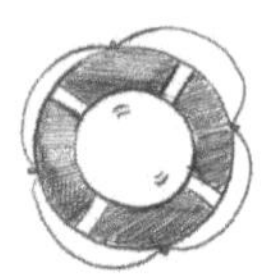

Und los geht's:

Schritt 1

Such dir ein paar schöne stabile Muscheln, die sich von innen gut bemalen lassen. Überlege dir deine kleinen Motive, und male die Bilder in die Muschel.

Schritt 2

Hier siehst du einige Motive: einen Rettungsring, einen Fisch, die Sonne, einen Frosch, einen Baum, einen Anker, ein Herz, einen Blitz, einen Leuchtturm, ein Haus, ein Kleeblatt und ein Seepferdchen. Du kannst auf deine Muscheln natürlich malen, was du möchtest.

Schritt 3

Alle bemalten Muscheln kommen dann in ein Beutelchen, und schon kann erzählt werden. (Wenn du kein Beutelchen hast, können die Muscheln auch verdeckt hingelegt werden.)

Und das könnten die Regeln für das Geschichtenerzählen sein: Ihr nehmt 3 Muscheln aus dem Beutel. Die 3 aufgezeichneten Motive müssen nun in der Geschichte vorkommen. Auf geht's – wir sind gespannt auf eure Muschelgeschichten.

Es war einmal ein gelbes Seepferdchen, das ...

© Daniela Stich

Daniela Stich interessierte sich schon als Kind brennend für die Themen rund ums Meer. Am liebsten hätte sie im Meereskundemuseum Stralsund gewohnt. Doch ihre Eltern waren damit nicht einverstanden. Später tauchte sie ab, wurde Meeresbiologin und durfte an einigen Schiffsexpeditionen teilnehmen. Gestrandet ist sie schließlich im Schwarzwald, wo sie heute Geschichten schreibt. Die *Ahoi*-Reihe ist ihre erste Kinderbuchreihe.

Laura Rosendorfer lebt mit ihrem Mann und den beiden Töchtern in einem kleinen blauen Haus bei München. Nach einem Abstecher in die Amerikanische Literaturgeschichte studierte sie Kommunikationsdesign. Seit 2015 ist sie freie Illustratorin für verschiedene Unternehmen und Verlage. Wenn der Trubel zu groß und der Computerbildschirm zu hell wird, flüchtet sie nach draußen zu den Blumenbeeten. Da sitzt sie dann am liebsten mittendrin und zeichnet.

© Laura Rosendorfer